T0059880

Respira, aquí y ahora

Respira, aquí y ahora

Tu respiración es tu superpoder

Rubén Sosa

VERGARA

Papel certificado por el Forest Stewardship Council®

MIXTO
Papel procedente de
fuentes responsables
FSC® C117695

Penguin
Random House
Grupo Editorial

Primera edición: noviembre de 2022
Segunda reimpresión: marzo de 2023

© 2022, Rubén Sosa
© 2022, Penguin Random House Grupo Editorial, S. A. U.
Travessera de Gràcia, 47-49. 08021 Barcelona

Printed in Spain – Impreso en España

ISBN: 978-84-19248-35-0
Depósito legal: B-16.644-2022

Compuesto en Llibresimes, S. L.

Impreso en Prodigitalk, S. L.

VE 4 8 3 5 0

ÍNDICE

INTRODUCCIÓN

La vida comienza con una inhalación y
termina con una exhalación.

Joseph Pilates

Parece casi ilógico que tengamos que volver a aprender algo que llevamos haciendo desde el instante en que nacemos, eso que estás haciendo justamente ahora y que posiblemente jamás te habías planteado siquiera que podías estar haciendo mal. El ser humano es la única especie animal que se olvida de cómo respirar correctamente a medida que se va desarrollando y va incorporando hábitos y rutinas nada saludables a su vida que acaban resultando sumamente importantes en su día a día. Y es que, como te comentaba hace un momento, y aunque suene casi absurdo, no hay que dar muchas vueltas para comprender en buena lógica que no puedes hacer bien lo que no conoces bien.

Respiras, alimentas tus células con oxígeno, expulsas el dióxido de carbono resultante y te mantienes vivo: es un acto de pura supervivencia. Pero ¿alguna vez has pensado que nadie te enseñó a respirar? Me atrevería a asegurar que prácticamente ninguna persona conserva en la memoria un recuerdo de la infancia asistiendo a clases de respiración en el colegio; simplemente lo dimos por aprendido, al fin y al cabo es algo que hacemos de forma automática, al igual que tu corazón late o tu estómago digiere la comida sin pensarlo siquiera, pero a diferencia de estos dos ejemplos —y por suerte— la respiración sí es algo que puedes controlar conscientemente.

Viajemos un poco hacia atrás, justamente al día de tu nacimiento, cuando inhalaste por primera vez y tus pulmones se expandieron dentro de tu pequeña caja torácica de neonato al sentir el frío del exterior en tu piel forzando a tu sistema respiratorio, aún por estrenar, a recoger aire y comenzar a inhalar y a exhalar de forma autónoma. Justo en ese momento es cuando se activan los receptores que estimulan el centro de la respiración, enviando las señales necesarias a los músculos respiratorios para iniciar su movimiento, especialmente el diafragma, que se contrae hacia abajo y crea un vacío que permite que el aire entre en los pequeños pulmones.

Y aunque esta primera respiración es uno de los momentos más importantes del parto, cuando los órganos respiratorios tienen que comenzar a desempeñar esta tarea tan primordial que une el interior de nuestro cuerpo con el exterior, una vez realizada, todos dieron por hecho que, si nada lo impedía, respirarías perfectamente entre veintiuna mil y veintitrés mil veces cada día el resto de tu vida y que pasarían por tus pulmones una media de ocho mil litros de aire diarios, más o menos.

Respirando tantas veces, cualquiera pensaría que somos expertos en el arte de respirar, pero, lamentablemente, la realidad es bien distinta. Se estima que un gran porcentaje de personas en edad adulta respira muy por debajo de su capacidad total, bastante más rápido de lo que deberían y además con las fosas nasales atrofiadas u obstruidas la mayoría del tiempo, lo que obliga al cuerpo no solo a hiperventilar, sino a verse irremediablemente sometido a una respiración bucal, que aunque consigue mantenerte con vida, no es nada aconsejable, pues desestabiliza el sistema nervioso, aumenta nuestro ritmo cardiaco y envía continuas señales de alerta a nuestro cerebro, por no hablar de todos los beneficios que pierdes al no recoger el aire a través de la nariz.

En el mundo hiperacelerado y lleno de estímulos en que vivimos hoy día, la llamada era del *multitasking*, nuestro organismo se encuentra en estado de alerta casi de forma permanente, es decir, con el sistema nervioso simpático activo en todo momento. Es como si tuviéramos que afrontar un peligro que pone en riesgo nuestra vida durante todo el día, como si una manada de leones nos acechara detrás de cada puerta, de cada semáforo, o nos estuviera vigilando al final de la larga lista de tareas diarias que nos quedan por hacer.

Por fortuna para nosotros, el cuerpo humano es extraordinario pues, aunque estemos en constante alerta, cuenta con una especie de interruptor que se encarga de regular este estado. Me refiero a nuestro sistema nervioso autónomo, que regula todas aquellas funciones que son necesarias para mantenernos con vida, pero que no requieren un control consciente por nuestra parte, entre ellas la regulación de la respiración, la digestión, el ritmo cardiaco o la temperatura corporal. Hay muchas formas de activar este interruptor de nuestro sistema nervioso autónomo, pero una de las más efectivas y sencillas es la respiración diafragmática.

Unas páginas más adelante entraré de lleno a explicarte cómo funciona el mecanismo del sistema nervioso autónomo, pero te avanzo que la rama simpática es la que ordena llenar tu cuerpo de adrenalina y cortisol, la hormona del estrés, genial para escapar en un momento dado de esa manada de leones de la que hablaba antes, pero enormemente perjudicial cuando tienes la sangre repleta de dicha hormona día tras día y te causa, entre otros trastornos, picores en la piel, caída del pelo, dolores de cabeza, digestiones pesadas o insomnio, uno de los grandes males de nuestro tiempo. Todo ello es producto de una respuesta irracional de nuestro cerebro, cuando a menudo la imaginación nos juega una mala pasada, ya que muchas veces esa manada de leones solo está en nuestra mente, pero nuestro cerebro aún no sabe distinguir entre lo que sucede de verdad y lo que se imagina que pasa. Este trata de adelantarse a un futuro que muchas veces no se cumple, pero ordena a nuestro cuerpo a que actúe en consecuencia y se mantenga preparado. No lo culpes por ello, tu cerebro solo trata de mantenerte con vida, y eso no puedes cambiarlo, pero comprender cómo funcionan sus mecanismos te dará una cierta ventaja.

Lo peor, y posiblemente lo más grave, es que nos hemos acostumbrado a vivir de esta forma, apresuradamente, en un estado de continua agitación, sin pausa, como si nuestro día a día fuera una carrera de obstáculos en la que el pistoletazo que marca la salida se sustituyera por el incesante pitido de la alarma del despertador, y desde ese instante ya no paramos de correr hasta que llegamos exhaustos al final del día.

Nos sentimos como si hubiéramos corrido la maratón de Nueva York dos veces, y ya sabes cómo respiras cuando corres o practicas deporte, de forma acelerada y superficial que activa en mayor medida el cortisol y la rama simpática del sistema nervioso.

Pero la cosa no acaba ahí. Las largas jornadas de trabajo, sentados de forma incorrecta, con los hombros inclinados hacia delante y la espalda formando una constante curva descendente, nos obligan irremediablemente a respirar de forma incorrecta. No utilizamos toda nuestra capacidad pulmonar, al contrario, respirando como lo hacemos desperdiciamos más de un 35 por ciento del aire que podría entrar en nuestros pulmones. Es como si estuviéramos todo el día metidos en un corsé victoriano del siglo XIX muy apretado que nos impidiera expandir la caja torácica. En consecuencia, acabamos hiperventilando y practicando una respiración muy superficial en la que solo movemos el pecho.

El estrés y la ansiedad, ya sea debido al trabajo, a las deudas, a desavenencias en nuestras relaciones, a la pérdida de un ser querido, a la falta de tiempo o cualquier otro problema que se te ocurra, nos han llevado a una crisis de salud muy importante. Cada vez más personas sufren problemas respiratorios como asma, bronquitis y apnea del sueño, lo cual no es de extrañar si tenemos en cuenta que nuestro cuerpo está en un estado de tensión constante. Tenemos dificultades para relajarnos, para conciliar el sueño, para levantarnos por la mañana, y en consecuencia nuestros días transcurren bajo una constante rigidez muscular que aún nos provoca más problemas respiratorios. Todo ello es el resultado de un cambio de hábitos de vida, y no para bien, precisamente. Hemos perdido la capacidad de adaptarnos al ritmo natural de nuestro cuerpo, nuestra mente está en un estado de tensión continua, siempre en guardia, nos hallamos sumidos en una situación de estrés constante.

Eso por no hablar del total de horas al día durante las cuales nos olvidamos de nuestro ancestro el *Homo erectus*: nuestros ojos pierden la línea del horizonte y el cuello se inclina hacia el suelo para mirar una pantalla, al tiempo que encorvamos los hombros. Sin duda, como especie hemos evolucionado, pero evolución no siempre significa mejora, sino cambio, y a veces el cambio es a peor.

En muchos casos, en lugar de respirar hondo y con calma, lo que hacemos es inspirar a una velocidad a la que es imposible que los pulmones se llenen de aire, y cuando exhalamos, también lo hacemos de forma apresurada, y así una y otra vez, sin ninguna pausa o descanso, sin respirar hasta el fondo de nuestros pulmones y sin utilizar el diafragma, el músculo principal de la respiración, de la manera más óptima posible. Es evidente que el modo de vida rápido y de inmediatez en el que vivimos ha acabado penetrando también en nuestra forma de respirar.

Como especie que ha ido evolucionando a lo largo de miles de años, nos fuimos adaptando a un mundo que en nada se parece al actual, al menos al de aquellos que, como yo, viven en una ciudad, con agua, comida y cualquier servicio imaginable a la vuelta de la esquina o a un simple clic de distancia. Nuestro cuerpo está hecho para sobrevivir sin ingerir alimento sólido durante semanas, incluso para pasar días sin tomar ni una gota de agua, pero la mayoría de nosotros no sobreviviría sin tomar una bocanada de aire más de uno o dos minutos. Solo este hecho ya te da la medida de cuán importante es la respiración para tu cuerpo.

Por supuesto, hay casos excepcionales y espectaculares como el de Budimir Buda Šoba, que actualmente posee el récord mundial de apnea estática y es capaz de aguantar sin tomar aire la friolera marca de veinticuatro minutos y treinta y tres segundos, sin duda una impresionante proeza por parte de este croata de cincuenta y cuatro años, muy alejada de la capacidad natural de resistencia de la mayoría de nosotros, o al menos de la mía, pues me declaro totalmente incapaz de aguantar la respiración durante 1.473 segundos, emulando al campeón Budimir.

Como damos por hecho que respiramos, no pensamos en la respiración como en algo susceptible de ser mejorado y que puede cambiar nuestro día a día, e incluso la forma de relacionarnos con nosotros mismos. Esto se puede ejemplificar con claridad recurriendo a ese momento que prácticamente todos los habitantes del mundo hemos vivido con la llegada de fin de año;

esa es una de las ocasiones en las que toca recapitular, hacer balance de los 365 días pasados, así como de poner la mirada en los 365 días que nos esperan, y comenzamos a llenarnos de buenos propósitos.

Este año empiezo a hacer dieta, este año dejo de fumar, este año toca ponerme en forma, toca tomar menos alcohol, y así un sinfín de hábitos la mar de saludables, sin duda. Pero jamás he oído decir a nadie «este año toca respirar mejor, inhalar y exhalar con calma, llevando el aire hasta mi abdomen para conseguir unas respiraciones óptimas para mi cuerpo, que alimenten adecuadamente mis células para que respondan y trabajen mejor». Lo sé, hace unos años yo tampoco me habría propuesto un reto de año nuevo como este.

Quizá ya te estés preguntando si es posible revertir estos malos hábitos propios del mundo que nos ha tocado vivir y mejorar la forma de respirar. Pues la respuesta es sí, y no solo eso: además de reeducar tu respiración, en este libro también aprenderás todo cuanto encierra la ciencia que hay detrás de cada inhalación y cada exhalación.

La manera en que respiras puede cambiar enormemente tu estado de ánimo, puede aliviar los síntomas de la ansiedad y el estrés con solo disminuir la frecuencia respiratoria para estimular el estado de reposo del sistema nervioso parasimpático, algo que también contribuye enormemente a mejorar las digestiones. La respiración puede ayudarte a dormir más fácilmente o incluso a recargarte de energía en los momentos en que lo necesites, mediante exhalaciones cortas y rápidas que activan la rama simpática del sistema nervioso autónomo.

La respiración es una actividad que los textos y escritos hindúes y védicos ya destacaron y consideraron de gran importancia, conscientes de que su control mediante prácticas de *pranayama* —los ejercicios respiratorios del yoga— proporcionaba unos beneficios tan impresionantes que resultaba prácticamente imposible describirlos, por lo que les atribuyeron un carácter mágico, acorde con el pensamiento de la época.

Tanto el yoga como la meditación y la respiración están estrechamente relacionados entre sí y son del todo complementarios, pero en este libro me centraré en la respiración y en cómo puedes conseguir los mismos beneficios que valiéndote de las otras dos herramientas, pues los ejercicios de respiración son mucho más accesibles para todos y cualquiera puede practicarlos cuando lo desee y en apenas unos minutos.

Para cada estado de ánimo existe un patrón de respiración: si estás agitado y sientes estrés tu respiración es rápida y superficial; si, por el contrario, estás relajado y en calma, tu respiración será lenta y profunda. Lo que pretendo contarte y enseñarte en este libro es que puedes utilizar esto en tu favor, ya que al revés también funciona: cambiando conscientemente tu respiración, puedes respirar rápido para activarte, o practicar un patrón de respiración pausado para bajar el ritmo cardiaco y la presión sanguínea, y es ahí donde radica el verdadero potencial de tu respiración, que se convierte en el verdadero centro de control remoto de tu sistema nervioso para pasar de automático a modo manual.

La mejor forma de aprender es practicando, por lo que la parte final de este libro está enfocada en enseñarte a utilizar las diferentes técnicas de respiración y a que tengas un enfoque claro de cuándo utilizarlas dependiendo de tu estado de ánimo y de lo que necesites según tus preferencias o requerimientos en tu día. Las diferentes respiraciones te ayudaran a sentir un verdadero dominio de tu cuerpo a medida que obtengas los conocimientos suficientes sobre la ciencia de la respiración, una de las principales herramientas para el cuidado de tu salud y tu bienestar.

Te enseñaré a realizar varios ejercicios de respiración enfocados a activar, relajar o equilibrar tu sistema nervioso, con el fin de que realmente los aprendas y los incorpores a tu vida, clasificando y ordenando las diferentes técnicas y evitando que el exceso de pasos a seguir te confundan en su ejecución. Así estarás poniendo en práctica cada uno de los conocimientos recopilados en estas páginas, ya que la mejor forma de aprender es a través de la acción. Asimismo, a lo largo de esta lectura podrás encontrar una serie de consejos y estrategias para mejorar tu salud y disfrutar de una vida más plena y feliz.

Yo, al igual que muchísimas otras personas, también fui un pésimo respirador, mis inicios en el mundo profesional son bien distintos a los de ahora. Me formé como diseñador gráfico y publicitario, una profesión en la que la lentitud o tomarse una pausa no está bien visto que digamos, algo que hoy en día sucede en casi todas las profesiones, para ser sinceros. La velocidad e inmediatez de los tiempos que corren también nos hacen correr e ir a toda prisa a nosotros las veinticuatro horas de día, los siete días de la semana. Y como ya sabes a estas alturas de tu lectura, el estrés del día a día nos hace respirar mal casi sin darnos cuenta.

Cuando por fin comencé a adentrarme en el mundo de la meditación y desarrollé mi carrera como instructor de respiración, siempre desde un enfoque científico y alejado del misticismo habitual que suele imperar en este tipo de prácticas, fue cuando realmente fui consciente de mi forma de respirar, y es que las técnicas que aprenderás en este libro son geniales, pero el modo en que respires el resto del día es igual de importante, o más si cabe. A lo largo de estos años he podido ser testigo de hasta qué punto la respiración ha permitido a muchas personas mejorar su calidad de vida y sentirse más felices y en paz consigo mismos y, por extensión, con el mundo. Al fin y al cabo, uno solo puede dar lo que tiene dentro, por lo que si consigues estar en un estado de equilibrio y serenidad, eso es lo que proyectarás al exterior.

Conozco bien las dificultades que suelen tener las personas que comienzan a adentrarse en el mundo de la meditación, y precisamente por eso sé que a veces no es sencillo aprender a estar en quietud y «sin hacer nada» durante un largo periodo de tiempo, y justo por eso, realizar un ejercicio de respiración es una actividad mucho más accesible y supone una barrera de entrada más fácil de franquear para prácticamente cualquier persona.

La respiración es eso que nos agarra y nos ata a la vida, tal como sintetiza la gran frase de Joseph Pilates, creador del método mundialmente conocido que lleva su nombre: «La vida comienza con una inhalación y termina con una exhalación». Pero yo quiero plantearte la siguiente pregunta: ¿qué piensas hacer con todas las respiraciones que inspirarás y espirarás entremedias a lo largo de tu vida? Lo que me gustaría y a ese fin van dedicadas estas páginas, es que las realices de la mejor forma posible para que puedas disfrutar de la mejor vida posible.

Quizá desde hoy mismo empieces a cambiar tus pequeñas pausas para el tentempié de entre horas, y hagas un alto, te centres en tu respiración y consigas que las inhalaciones y las exhalaciones profundas se conviertan en tu mejor herramienta para que tu día a día sea más sereno y que el nuevo hábito de respirar correctamente te permita vivir más feliz.

1

UN POCO DE HISTORIA

Mientras la respiración sea irregular, la
mente estará inestable.

Swami Sivananda

La respiración en la antigüedad

Es muy posible que cada vez que lees o escuchas la
palabra «meditación», pranayama o incluso conceptos como «ejercicio de respiración», la imagen que se
te dibuja en la mente sea la del clásico monje solitario,
con la tradicional túnica naranja que habrás visto en
muchas fotos o películas, pasando además horas y
horas en lo alto de una montaña en completo silencio,
alejado del ruido y en perfecta conexión consigo mis-

mo, casi como si tuviera un aura de luz a su alrededor que lo protege. Seguramente también imagines a este monje meditando en un templo, rodeado de estatuas doradas mientras el humo con aroma a incienso crea una nube densa que lo cubre todo.

Esta imagen que solemos tener, al menos los que vivimos en Occidente, es en parte cierta, ya que la meditación, el yoga y la práctica de los ejercicios de respiración están muy vinculados a tradiciones milenarias, de hecho, todas surgen de diferentes lugares de la zona de Oriente, pero la verdad es que esto es así solo en la práctica tradicional, pues hoy en día se han simplificado las técnicas para hacerlas mucho más accesibles y han pasado a ser algo más que esos clichés que se suelen asociar con las culturas antiguas.

No sería de extrañar que, precisamente por esos prejuicios, nunca te hayas acercado a conocer todo aquello que, según tu percepción, te parecerá impregnado de esta filosofía, o al menos ese fue mi caso. Aunque siempre me he decantado por la vía más científica, explorar los orígenes de las prácticas y la visión de aquella época nos puede aportar una perspectiva mucho más amplia para entenderlas. Además, con el paso del tiempo he ido descubriendo que, aunque los primeros practicantes ubicados cerca de ochocientos años antes de la era común no podían explicar de manera científica y precisa qué cambios fisiológicos provocaba en sus cuerpos realizar ejercicios de respiración, es curioso lo mucho que se acercaban teorizando acerca de estos y el conocimiento tan increíble que llegaron a tener de su propio cuerpo.

Adentrándonos un poco más en la historia de las técnicas de respiración, pondremos en contexto de dónde vienen y cómo estas han evolucionado hasta el día de hoy: conocer su procedencia es una forma de entender el presente a través de las prácticas del pasado, más aún si tenemos en cuenta la importancia que estas culturas antiguas otorgaban a la respiración. «Dejar la respiración a la deriva es como dejar la mente a la deriva». Esta frase extraída de un ancestral texto filosófico hindú así nos lo recuerda.

Las primeras prácticas de respiración antiguas que pueden encontrarse se remontan aproximadamente al siglo octavo antes de la era común. Algunos textos de la India, considerados sagrados, ya hablaban y describían los beneficios de tener el control de la respiración: me refiero a los textos de *Upanishad*, una serie de más de cien libros escritos en la lengua antigua de la India, el sánscrito. Los *Upanishad* reflexionan sobre la vida y la muerte, algunos aspectos de la naturaleza humana, la trascendencia después de la muerte, la liberación del alma, la meditación, el yoga y, sobre todo, el camino hacia la iluminación, que siempre es su fin último.

Estos primeros textos describían cómo la respiración puede contribuir al bienestar del ser humano, pero no hablan de técnicas en concreto, más bien se trata de una mezcla de misticismo, estados alterados de la conciencia y reflexiones sobre la trascendencia del ser. En general son textos literarios de gran profundidad y significado, y aunque tienen un carácter sistemático, no se escribieron uno tras otro, sino que fueron compilados y reproducidos como parte de una tradición oral. Como ya debes de haber intuido, todo está impregnado de un componente místico y carece de un método científico que verifique sus beneficios, pero no cabe duda del interés que suscitan todas estas enseñanzas, y si bien se trata de conceptos muy llamativos, resultan muy confusos y tienden a exagerar sus virtudes.

Otros textos importantes donde se menciona el pranayama, que es así como se llama a los ejercicios de respiración en yoga, son los libros del *Yoga Sutra* y el *Hatha Yoga Pradipika*, pero no me extenderé mucho sobre ellos, solo es importante saber que son los principales libros sobre filosofía del yoga. Estas son las primeras referencias que poseemos sobre el control de la respiración en los textos antiguos.

En los *Yoga Sutra*, que se remontan a unos cuatrocientos años antes de la era común, se habla de pranayama y de diferentes procesos mentales que se pueden llegar a alcanzar, pero no describen las técnicas, por lo que se echa en falta cómo y cuándo practicarlas, y no detallan una metodología clara. Sin embargo, en el *Hatha Yoga Pradipika* ya se empieza a describir un poco más de la respiración y los kriyas, que son técnicas depurativas. Se trata de un libro más cercano a nuestra época, sobre el año 1500.

La base de las técnicas que aprenderás en este libro viene del pranayama, esa palabra que ya habrás leído varias veces en párrafos anteriores. La palabra pranayama procede del sánscrito, el antiguo idioma que se hablaba en la India, y consta de dos partes: *prana*, que puede traducirse como «energía» o «fuerza vital», y la segunda parte, *yama*, que se refiere a la prolongación o al control. Así pues, al unir ambos términos, se entiende que buscaban referirse a la manera en que controlas tu energía y a la prolongación de la respiración. Los yoguis tenían muy claro que existe una relación muy estrecha entre nuestra mente y nuestra respiración: si nuestra mente está tranquila, también lo estará nuestra respiración, pero cuando estamos estresados o nerviosos, nuestra respiración es irregular. Partiendo de esta conexión, los ejercicios respiratorios o pranayama buscan calmar la mente y conseguir un mayor bienestar mediante las respiraciones lentas y controladas. Digamos que tu respiración se convierte en el control remoto de tu cuerpo.

El vínculo que existe entre respiración y mente ya ha quedado suficientemente demostrado gracias a diversos estudios en el campo de la neurociencia, y además actualmente tenemos un mayor conocimiento de la fisiología del cuerpo humano y de cómo funciona el sistema respiratorio. Todo ello constituye una prueba más de que los antiguos buscadores del control de su bien más preciado —su energía vital— no iban desencaminados.

Dentro de todo este misticismo o de la búsqueda de estados superiores de conciencia y de trascendencia del ser, los primeros yoguis también consideraban la respiración como una forma factible de prolongar la vida y de alcanzar una notable longevidad. En su manera de apreciar la respiración, hay una idea que cuando menos me parece curiosa, y que me gustaría que tú también conocieras, y es el modo en que los textos yoguis que te mencionaba unas líneas más arriba veían la vida, pues ellos no contaban su vida en años, sino que la medían en respiraciones, hablaban de que nacíamos con unas respiraciones limitadas, de ahí que pensaran que, si respirabas lenta y pausadamente, conseguirías estar sano y vivir muchos más años. Se trataba de su energía vital, y querían gastarla lo más lentamente posible para vivir más.

No hace falta decir que esta visión resulta indemostrable y que dista bastante de la realidad, pero sí es cierto que normalmente una respiración agitada se asocia con el estrés y con un estado de salud precario; en cambio, si la respiración de una persona es lenta y calmada, al menos *a priori*, nos transmite la imagen de ser alguien saludable y libre de ansiedad.

Yendo un paso más allá, y si te interesa el mundo del yoga más actual, o incluso si eres practicante, debes saber que dentro de la filosofía del *Yoga Sutra* se establecen ocho pasos del sendero del yoga para llegar a la iluminación, y la respiración o pranayama se encuentra en el número cuatro, justo encima de los asanas, que son las posturas del yoga, y unos pasos antes de la meditación. Por lo tanto, tiene su lógica utilizar también los ejercicios respiratorios como paso previo a la práctica de la meditación, consiguiendo relajar el cuerpo de una forma más adecuada, y así alcanzar un estado meditativo más profundo.

En el caso del *Yoga Sutra*, también se habla de la respiración dentro de un contexto místico, atribuyéndole unos efectos algo exagerados. En los textos no se describe cómo hay que respirar, y están exentos de directrices, pero sí dejan claro que lo primordial es lograr controlarla.

Debe tenerse en cuenta que hasta que no llegó el *Hatha Yoga Pradipika*, escrito por Suami Suatmarama sobre el año 1500 después de la era común, realmente no se establecieron las bases de las prácticas de respiración, por lo que este texto puede considerarse como el primer manual de yoga; sin embargo, su contenido también adolece de cierto exceso de misticismo y suele recurrir a la hipérbole con la finalidad de engrandecer su utilidad, tal como demuestra la siguiente frase extraída de dicho manual: «Mediante la práctica correcta del pranayama, todas las enfermedades pueden ser eliminadas, en cambio una práctica incorrecta causará todo tipo de dolencias». Si tomamos esta frase como referencia, queda claro que no hay que llevar a la literalidad todo lo que cuenta en sus páginas.

Sin duda el pranayama tiene efectos beneficiosos, pero siempre abogaré por la cautela y no proclamaré virtudes que no estén científicamente comprobadas. Esa es justamente la visión que me gustaría trasmitirte, y estoy seguro de que, si te acercas a la respiración de una forma más prudente, este aprendizaje te resultará mucho más útil en la vida.

Otra de las tradiciones filosóficas de origen oriental que dio suma importancia a la respiración fueron los taoístas. Unos cuatrocientos años atrás antes de la era común, ellos veían la respiración como una medicina en sí misma. Es interesante esta relación que establecieron entre respiraciones lentas y pausadas y salud, ya que como comenté anteriormente, hoy en día, y gracias a la ciencia, sabemos que respirar bien de forma lenta y profunda es un síntoma de buena salud.

Llegados a la época más actual, a partir del siglo xx, estas prácticas empezaron a impartirse sobre todo en estudios de yoga, siempre teniendo en cuenta su filosofía, pero adaptando las prácticas a una metodología más amable para un público más amplio. En un principio, se utilizaban casi como un complemento y, de hecho, no terminaron de ocupar un lugar importante hasta un poco más adelante.

Una de las respiraciones que se suelen ver en yoga es la respiración de fuego, que se practica al principio de la clase, ya que es una respiración energizante que te prepara para el ejercicio activando el sistema nervioso simpático. Después, durante toda la clase se practica la respiración oceánica, esto es, inhalando y exhalando en cuatro tiempos a fin de equilibrar el cuerpo. También es muy llamativa en estas clases la respiración alterna o nadi shodhada, en la que utilizamos nuestra mano para ir tapando las fosas nasales, esta es una de las más conocidas. En las clases de yoga más genéricas y que buscan adaptarse a todo tipo de públicos, no es muy común que se suela explicar con detenimiento el porqué de cada técnica, para qué sirven o qué ocurre en nuestro cuerpo al respirar de una u otra forma; por eso, si sueles ser practicante de esta disciplina, ampliar los conocimientos sobre los secretos de la respiración te será de enorme utilidad para profundizar en la práctica.

Todas las respuestas del porqué y para qué te las daré a lo largo de este libro, para que entiendas cómo y cuándo utilizar cada una de ellas, ya que es la única forma de darte las herramientas suficientes para que las puedas utilizar en cualquier momento de tu día sabiendo bien qué estás consiguiendo en tu cuerpo desde el punto de vista fisiológico.

En las clases de yoga es muy frecuente que las instrucciones suelan ser del tipo «respira lento, respira profundo, inhala oxígeno y exhala dióxido de carbono tóxico», unas indicaciones que, por lo demás, quedan más bien pobres. Imagino que ya debes de haber empezado a intuir que detrás de la respiración hay toda una ciencia y que, dependiendo de cómo respiremos, podemos conseguir diferentes estados corporales y de ánimo.

Siempre se habla del oxígeno como de algo que modificamos al respirar, pero realmente en lo que incidimos y lo que podemos controlar es en nuestros niveles de dióxido de carbono en sangre. Este suele percibirse como algo malo, pero lo que buscamos precisamente es el equilibrio entre el dióxido de carbono o CO_2 y el oxígeno, y eso se consigue en función de lo lento o lo rápido que respiremos. Muchas veces habrás oído dar instrucciones como «respira lento», pero ¿cómo de lento?, ¿inhalando en cinco segundos?, ¿en seis? También habrás oído lo de «respira profundo», pero ¿cómo de profundo?, ¿llenando los pulmones por completo?, ¿solo llevando el aire hacia el abdomen? Son indicaciones que pueden llevar a confusión fácilmente, e incluso practicantes de yoga asiduos pueden seguir sin saber del todo qué están consiguiendo con cada respiración, ya que en ocasiones se simplifica la práctica en exceso y, a veces, esto no es nada útil. Con los ejercicios de respiración que te enseñaré, sabrás exactamente cómo de lento y profundo has de respirar.

Respiras profundo cuando llevas el aire hacia tu abdomen, luego expandes tu caja torácica y además añades los músculos accesorios de cuello y hombros. Esas serían las tres fases de la respiración que veremos más adelante.

Es importante aprender cuán lento has de respirar, como por ejemplo con las respiraciones tipo agua, las equilibrantes, en las que bajamos el ritmo de respiración a unas cinco o seis respiraciones por minuto. En otra categoría están las respiraciones tipo whisky, las muy relajantes, que activan el sistema nervioso parasimpático; con ellas tenemos una frecuencia de entre tres y cuatro respiraciones por minuto, con lo cual ya estamos definiendo qué tan lento y qué tan profundo debemos hacerlo y evitamos confusiones. Veremos las diferentes categorías de respiraciones más adelante.

Ya en nuestros días, estas técnicas de respiración

se han democratizado mucho más y han salido de los estudios de yoga clásicos, lo cual es algo muy bueno, porque dichas prácticas siempre han estado muy unidas a la filosofía del yoga, pero al incluirse en consultas médicas, de fisioterapia e incluso al ser recomendadas por psicólogos como un medio de aliviar el estrés y la ansiedad, se ha conseguido acercarlas a un público más general, de modo que ahora pueden ser disfrutadas por muchas más personas.

Esto ha venido sucediendo más o menos desde el año 2000, y lo más interesante es que sus objetivos se han ido perfilando cada vez con mayor claridad, como por ejemplo aliviar el estrés, relajarse o dormir mejor. Asimismo, se han incluido las prácticas de respiración dentro del mindfulness o atención plena, que es una de las prácticas más populares hoy en día.

Cada vez resulta más frecuente ver estas prácticas también en aplicaciones para móviles o en YouTube, lo cual es algo muy interesante porque permite que muchas personas tengan acceso a estas prácticas y finalmente acaben contextualizándolas fuera del ámbito del yoga.

Textos antiguos nombrados

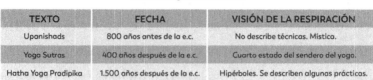

TEXTO	FECHA	VISIÓN DE LA RESPIRACIÓN
Upanishads	800 años antes de la e.c.	No describe técnicas. Mística.
Yoga Sutras	400 años después de la e.c.	Cuarto estado del sendero del yoga.
Hatha Yoga Pradipika	1.500 años después de la e.c.	Hipérboles. Se describen algunas prácticas.

Prácticas de respiración modernas

Por último, me gustaría hacer un repaso de las técnicas más conocidas o populares en la actualidad. Se trata de prácticas algo más complejas, pero que puedes buscar por si te parecen interesantes y quieres investigarlas y practicarlas.

Una de las técnicas más populares es el método Wim Hof, que lleva el nombre de su creador, a quien quizá ya conozcas, porque Wim Hof es alguien muy carismático y famoso, incluso puede que te suene por su apodo, El Hombre de Hielo.

Es muy común ver a Wim Hof dentro de ríos helados, subiendo altísimas montañas a varios grados bajo cero con muy poca ropa y batiendo los más diversos récords, como el de correr media maratón sobre la nieve totalmente descalzo. Sus técnicas han sido tomadas en consideración por muchos expertos, pero ¿qué tienen de especial?

Wim utiliza estímulos externos como el frío, el calor, la humedad o la nieve a modo de herramientas que lo ayudan a controlar su cuerpo y su sistema nervioso consiguiendo, según cuenta, enfocar por completo su mente. Afirma que combinando la exposición al frío con sus técnicas de respiración consciente fortalece el cuerpo en mucha mayor medida que si solo practicamos ejercicio físico y que, además, según él, puede ayudarnos a superar distintos problemas de salud.

Su método está basado en la técnica de respiración Tummo, una práctica que utilizaban los monjes tibetanos y que les ayudaba a elevar la temperatura corporal, algo muy práctico en regiones con predominio de vientos gélidos, que es donde aquellos suelen vivir. Este método utiliza la hiperventilación, una forma de respirar tan rápida que hace que los niveles corporales de CO_2 bajen drásticamente y como el CO_2 es un vasodilatador, si expulsamos demasiado, conseguimos el efecto contrario: constreñimos nuestras vías respiratorias y nuestros vasos sanguíneos para que nuestra sangre tenga más fricción con el músculo liso de las venas y las arterias, y así forzamos a nuestro corazón a bombear más deprisa, con la consiguiente sensación de aumento de la temperatura. Esto es algo que también podemos lograr con la respiración de fuego o de fuelle, que veremos más adelante.

No está muy claro hasta dónde podemos aceptar las teorías de Wim, aunque la ciencia ha puesto a prueba varias de sus fórmulas de respiración y certificado alguna de sus afirmaciones, como la de que su técnica mejora el sistema inmunitario. Aun así, es muy interesante su enfoque y te animo a probarla por ti mismo, sobre todo para que puedas beneficiarte de su ejercicio de respiración que yo mismo he probado y del que puedo reportar múltiples utilidades, siempre dentro de unos parámetros seguros, por supuesto.

Otra de las técnicas más famosas es la respiración buteyka, esta sí que la veremos con detenimiento en el capítulo de técnicas de respiración. Se trata de una respiración muy enfocada a las personas con problemas respiratorios, con la que se aprende a bajar mucho el ritmo respiratorio centrándose sobre todo en la retención en vacío. De este modo se incrementa el CO_2 en el cuerpo, se abren las vías respiratorias, se dilatan los vasos sanguíneos y así puedes respirar y absorber el oxígeno mejor. Resulta muy recomendable para personas con asma, además de otras enfermedades relacionadas con la respiración. De hecho, está considerada una terapia respiratoria más que una técnica en sí.

Algo imperativo en esta forma de respirar es no utilizar nunca la boca: en palabras de Patrick Mckeown, uno de los más célebres expertos en el método Buteyko: «La nariz es para respirar y la boca, para comer».

Con diferentes prácticas, el doctor ucraniano Konstantin Buteyko trataba básicamente de regular la cantidad de oxígeno y dióxido de carbono que necesitamos para funcionar de forma correcta. Y es que lo que hay que buscar siempre es el equilibrio entre estos dos gases. En caso contrario, podría acarrearnos graves consecuencias para nuestra salud, según sus propias palabras.

Otra de las técnicas curiosas que quizá te interese es la respiración holotrópica. Se trata de una respiración hiperventilante, es decir, que exige respirar muy deprisa y, en este caso, además, durante mucho tiempo. Según afirman muchas personas que la practican, esta técnica puede alterar el estado de conciencia, e incluso se utiliza como terapia de autoexploración personal y de autohipnosis.

Su creador, el psiquiatra Stanislav Grof, buscaba una alternativa a las terapias basadas en el consumo de sustancias psicotrópicas, muy comunes en los años sesenta, en especial el LSD. Grof quería obtener los mismos efectos, pero a través de la respiración y siempre con fines terapéuticos.

Aunque existan todas estas técnicas, las respiraciones que verás en este libro siempre serán prácticas y seguras, sus efectos beneficiosos están testados científicamente y pueden practicarse en un ámbito común. Muchas técnicas famosas o más conocidas casi siempre suelen tender a sobredimensionar sus beneficios. Con esto no quiero decir que no sean efectivas en algunos aspectos, pero sí que nos pueden llevar a equívocos y a hacernos pensar que son mucho más efectivas de lo que en realidad son.

Mi misión consiste en que seas tú quien encuentre y evalúe la respiración adecuada que necesitas en cada momento, que aprendas de verdad por qué funcionan, y dotarte de una herramienta que te permita comprender la técnica de respiración que pueda ayudarte en distintas situaciones, ya sea para tardar menos en dormirte, para controlar los niveles de estrés o para cargarte de energía.

2

ASÍ FUNCIONA TU RESPIRACIÓN

Si regulas la respiración, controlarás la
mente.

B. K. S. Iyengar

Las tres fases

Cuando Marta se puso en contacto conmigo, pude
notar bastante preocupación en su voz. Durante varios minutos intentó explicarme de la mejor forma
que pudo que llevaba años sintiendo que su capacidad pulmonar había disminuido, que sentía que se
llenaba muy rápido, pero que apenas notaba aire al
exhalar por mucho que ponía el foco en su respiración, aunque se esforzaba en hacerlo lenta y relajada-

mente, y que aun así no había manera. Comentaba además que incluso había dejado de practicar deporte por miedo a quedarse sin aire.

En su pico más alto de preocupación, había acudido a varios especialistas para que la examinaran por si tenía algún problema en los pulmones o había algo que le obstruyera la entrada de aire. Para su sorpresa, los resultados de las pruebas confirmaron que no tenía ningún problema físico, que tanto sus pulmones como todo su aparato respiratorio funcionaban correctamente. Pero a pesar de aquellas buenas noticias, Marta no se quedó tranquila, pues seguía sintiendo que su respiración no era todo lo buena que debería.

Cuando escuché su historia, y supe con la total certeza que no existía ningún problema físico, estaba casi seguro de que, si el problema no estaba en su aparato respiratorio, quizá sí que podría deberse a la forma en que lo estaba utilizando. Le propuse una sesión durante la cual simplemente le explicaría las bases de una buena forma de respirar y en la que aprendería lo que de verdad ocurre dentro de nuestro cuerpo al inhalar y exhalar, cómo se mueven nuestros tejidos y órganos y el intercambio de gases que tiene lugar para que nuestras células se alimenten. También le adelanté que le enseñaría las tres fases de una buena inhalación para hacer que fuera lo más eficiente posible y, además, a practicar la respiración diafragmática, algo que *a priori* se me antojaba de gran relevancia, especialmente en su caso.

Por supuesto, cuando le comenté todo aquello, Marta no pudo ocultar del todo su escepticismo, al fin y al cabo llevaba bastante tiempo en una situación que le preocupaba y a la que casi ya había desistido en poner remedio, pero aun así aceptó mi propuesta.

Tras cincuenta minutos de charla, y una vez que hubo comprendido los principios básicos de la ciencia de la respiración, le pedí a Marta que intentara coger todo el aire posible procurando sobrepasar sus propios límites. Antes de que empezara siquiera a poner a prueba sus pulmones, pude intuir casi sin margen de error la escena que vendría a continuación.

En cuanto se dispuso a intentarlo, comprobé que mis sospechas eran fundadas: en el momento en que trató de respirar lenta y profundamente para llenar los pulmones al máximo, lo hizo como si tuviera una gran carga de ansiedad y de estrés. Tensaba inconscientemente los músculos que intervienen en la respiración, y estos se contraían siguiendo su orden, con lo cual aún entraba menos aire. Y por si aquello fuera poco, Marta hacía algo que también los he visto hacer una y otra vez a mis alumnos cuando les enseño a controlar de nuevo su respiración. Cuando les pido que respiren profundamente, ellos elevan el pecho casi de forma automática, como queriendo expandir la caja torácica al máximo, alzan el mentón levemente al tiempo que inclinan la cabeza hacia atrás y, lo más grave de todo, empujan el vientre hacia dentro. Hoy por hoy no conozco una forma peor de respirar que esa, en la que además se desaprovecha en mayor medida toda la capacidad pulmonar que tenemos a nuestra disposición.

Respirando así solo llenamos la parte superior de los pulmones, la menos ancha, pues estos órganos tienen forma de triángulo. Además, al empujar el abdomen hacia dentro, mermas por completo la capacidad de contracción del diafragma, impidiéndole que ejerza su característico efecto ventosa en los pulmones vacíos para que entre el aire. Un nuevo ejemplo de que no es de extrañar que no respiremos bien, sobre todo si nadie nos ha enseñado a hacerlo correctamente y adquirimos hábitos que nos hacen peores respiradores.

Como no podía ser de otro modo, siempre que Marta intentaba llenar sus pulmones de aire empleando este método, tenía la sensación de que no le entraba en cantidad suficiente, y además es que era cierto: sus pulmones estaban en perfecto estado, pero como no se había leído el «manual de uso», ignoraba cómo hacerlo.

Una vez detectado el problema, trabajamos durante varias sesiones más en conseguir que Marta pudiera respirar mejor de manera natural, y poco a poco fue notando cómo su respiración iba a mejor, así como su capacidad pulmonar, hasta tal punto que, después de unas cuantas sesiones, Marta pudo volver a practicar deporte, lo cual, por supuesto, agradeció enormemente.

Cuando respiras, toda la fisiología de tu cuerpo, perfectamente evolucionada para cumplir este cometido, se adapta una y otra vez. Inhalas introduciendo aire en tus pulmones y exhalas dejándolo salir de nuevo, algo que parece muy sencillo a primera vista, pero que pone tu cuerpo a prueba continuamente.

Existe una forma óptima de respirar, una información que ya está predefina desde el mismo momento en que nacemos, pero que, a nuestro pesar, vamos olvidando a lo largo de los años, a medida que adquirimos hábitos que prácticamente nos obligan a improvisar una especie de respiración de subsistencia, lo justo para mantenernos con vida, pero que desde luego no es la más adecuada para asegurar el bienestar de nuestro cuerpo.

Si hay algo que todos sabemos es que respirar resulta fundamental para que nuestras células puedan obtener oxígeno y deshacerse de los productos de desecho que generan, así como de las toxinas. También sabemos que se trata de una función esencial que nos permite recuperarnos del cansancio, mantener nuestros tejidos oxigenados y, con ello, nuestro cerebro.

Quizá albergabas la falsa creencia de que eran los pulmones por sí solos los que hacían todo el trabajo, pero en realidad todo comienza en el diafragma, el principal músculo de la respiración. Es un músculo ancho y delgado que se ubica justamente debajo de los pulmones separando la cavidad torácica de la cavidad abdominal. Imagínatelo como un pequeño paracaídas extendido y sujeto a cada lado de las costillas.

Su importancia radica en el movimiento que ejerce, ya que cuando se contrae y baja crea un vacío en los pulmones originando un efecto de succión que obliga a los millones de partículas de aire que nos rodean a entrar suavemente por la nariz y pasar por todas y cada una de las cavidades nasales, hasta descender con rapidez por la faringe, laringe y tráquea.

Todo ese torrente de aire, formado casi en su totalidad por nitrógeno y oxígeno, invade los pulmones inflando los bronquiolos y expandiéndose como si fueran ramas hasta los alveolos. Es en estos últimos donde realmente se produce el intercambio de oxígeno.

Sistema respiratorio

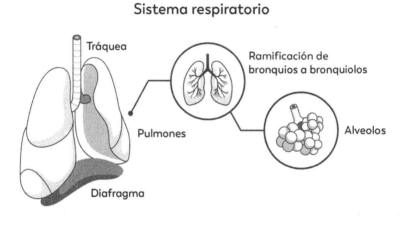

Tráquea

Ramificación de bronquios a bronquiolos

Pulmones

Alveolos

Diafragma

Cuando el intercambio de gases se ha completado, nuestro diafragma se relaja, vuelve al punto de partida y fuerza a todo el aire a salir haciendo el mismo recorrido, pero a la inversa, lo cual quiere decir que los pulmones funcionan prácticamente como recipientes y el diafragma es el fuelle que trabaja para llenarlos y vaciarlos. Por eso el diafragma es el principal músculo respiratorio, y si no aprovechamos todo su potencial, nuestra capacidad pulmonar se ve mermada.

No quiero que esto parezca una clase de anatomía, pero vuelvo a insistir en que no está de más tener unas nociones básicas acerca del proceso respiratorio, pues así seremos más conscientes de hasta qué punto todo nuestro cuerpo reacciona de forma distinta a cada inhalación y a cada exhalación.

El diafragma es un músculo muy sensitivo atravesado por el nervio vago. Este importante nervio nace en la base de nuestro cerebro y se encarga de regular el sistema nervioso parasimpático, asociado a la calma y a la relajación. El nervio vago es el más largo de todos los nervios del cuerpo humano y conecta el cerebro con los órganos internos, de ahí la gran importancia del estado de este nervio para la salud general de nuestro cuerpo.

El diafragma, ese músculo en forma de paracaídas, también cumple otras funciones importantes, como la de controlar la circulación sanguínea jugando con las presiones. Además, el movimiento de contracción y relajación del diafragma mueve todas nuestras vísceras, favoreciendo que trabajen de forma eficiente y asegurándonos una buena digestión.

Toda esta parte en la que respiramos con el diafragma se denomina primera fase de la respiración, y solo con que la ejecutaras correctamente en tu día a día, ya estarías respirando bastante bien. Hay muchos ejercicios de respiración en los que simplemente te indicarán que lleves el aire hacia tu vientre. Este movimiento es la base de la respiración diafragmática, una respiración muy poco utilizada, y casi olvidada incluso, a la que sin embargo deberíamos prestar especial atención, procurando sobre todo hacer llegar el aire hasta la parte baja de nuestros pulmones, que es la más ancha.

Si eres una de esas personas a las que les cuesta respirar de este modo, te enseñaré una manera fácil de hacerlo.

Lo mejor es tumbarse boca arriba en la cama, en el suelo o en un sofá. Procura que sea una superficie plana para que la columna quede bien apoyada y recta. Apoya la mano derecha en el pecho, la izquierda sobre el abdomen y comienza a respirar por la nariz. Hincha el abdomen, como si sacaras la barriga hacia fuera y te inflaras como un globo. Tu mano izquierda ha de elevarse, pero la derecha debe permanecer totalmente inmóvil sobre el pecho, solo el abdomen se mueve al inhalar y exhalar con un suave vaivén. Puedes ponerte un libro de cierto peso sobre la barriga para apreciar aún más este ascenso y descenso del abdomen; así fuerzas a tu diafragma a trabajar hasta su máxima capacidad.

Esta solo sería la primera de las tres fases que componen una respiración completa; vamos a ver ahora las otras dos formas de optimizar la respiración. El segundo elemento que cabe añadir son los músculos intercostales, las costillas, para entendernos, aunque en realidad se trata de los músculos situados entre ellas. Estos músculos expanden la caja torácica permitiendo que quepa un poco más de aire en los pulmones. Podríamos llamarlo el segundo motor de la respiración. Si quieres comprobar al instante cómo actúa, pon las manos a ambos lados de las costillas, coge aire y sentirás cómo las costillas se abren expandiéndose hacia fuera; a continuación, suelta el aire y notarás cómo toda la caja torácica vuelve a su posición original.

Las personas que tienen ansiedad suelen utilizar únicamente esta respiración torácica, es decir, empleando la parte alta del pecho. Si respiras así también te entra algo de aire, pero no es la forma más eficiente y por eso siempre terminas sintiendo que te falta aire, porque no eres capaz de llenar los pulmones por completo.

Eso es justamente lo que le ocurría a Marta, si recuerdas, solo estaba utilizando el pecho para llenarse de aire, además de empujar el abdomen hacia dentro. Estoy seguro de que la próxima vez que te pidan que cojas todo el aire posible, ya sabrás cómo hacerlo a la perfección.

Tus pulmones tienen forma triangular, de modo que si únicamente utilizas la zona superior estás trabajando con la parte más estrecha y desperdicias toda la parte baja, que es mucho más ancha.

En tercer lugar intervienen los músculos accesorios, situados en el cuello y en la espalda, que contribuyen a elevar un poco más las clavículas. También participan en la respiración, pero en mucha menor medida.

Resumiendo, una respiración óptima y profunda consta de tres fases, primero el aire baja hasta el vientre, luego entran en juego los músculos intercostales —las costillas— expandiendo el tórax para llenarnos aún más de aire. Por último, los músculos accesorios también hacen su pequeña contribución al elevar ligeramente las clavículas creando más espacio. Abdomen, tórax y clavículas, esas serían las tres fases de una respiración completa.

En algunos de los ejercicios de respiración que

practicarás más adelante, muchas veces nos centramos solo en la primera fase, la de la respiración diafragmática. Esto se debe a que solo con esta fase ya estás aprovechando bastante tu capacidad pulmonar y además te beneficias de todas las ventajas de respirar con el diafragma, como por ejemplo masajear el nervio vago para relajar el sistema nervioso, más adelante hablaré de este nervio.

Así que, recuerda: al igual que ya hace Marta, si quieres aprovechar toda tu capacidad pulmonar lleva el aire hasta el vientre, luego llena el tórax y eleva un poco los músculos accesorios, y procura siempre que sea de forma fluida.

O_2 y CO_2 en sangre

Vamos a hablar más a fondo del oxígeno y el dióxido de carbono (CO_2), y así podrás comprender mejor, desde un punto de vista científico, la importancia que realmente tienen estos dos gases en nuestro cuerpo y por qué los ejercicios de respiración basados en modificar el ritmo y la frecuencia funcionan realmente, más allá de cualquier elucubración o misticismo.

La clave de las técnicas que aprenderás a lo largo

de este libro, y donde más pondremos el acento, radica en manipular nuestros niveles de dióxido de carbono. Pese a lo que se suele creer, nuestro organismo utiliza este gas como elemento vasodilatador (me refiero, por supuesto, al que producimos de forma natural). Cuando respiramos despacio, los niveles de CO_2 en sangre aumentan, y cuando respiramos rápido, lo expulsamos con mayor facilidad y los niveles descienden. Ahí está el secreto para conseguir que nuestro cuerpo esté relajado y que el ritmo cardiaco y la presión sanguínea se mantengan a un nivel razonablemente bajo. Si, por el contrario, necesitamos estimular nuestro cuerpo, entonces podemos hacer que aumente nuestra presión hiperventilando para que los vasos sanguíneos se contraigan. Y todo gracias al dióxido de carbono. Manipulando nuestros niveles de este gas en sangre conseguimos influir en el sistema nervioso autónomo, y de esta forma convertirlo en nuestro control remoto del regulador más importante de nuestro cuerpo y de nuestro estado de ánimo.

Siempre hemos pensado que nuestro cuerpo considera que el CO_2 es un producto de desecho, que siempre trata de expulsarlo como si fuera un veneno que nos intoxica, pero resulta que este gas desempeña funciones muy importantes para nuestro organismo. Ya mencioné sus efectos vasodilatadores, pero, además, también está el efecto Bohr, del que hablaré más adelante, que es una de sus propiedades más curiosas. El dióxido de carbono es tan importante en los ejercicios de respiración porque es de los pocos elementos que forman parte en el intercambio de gases en el que podemos incidir en su comportamiento de una forma activa.

Cualquier persona que goce de buena salud y que viva a no demasiada altura sobre el nivel del mar siempre tendrá un porcentaje de saturación de oxígeno en sangre de entre un 95 y un 99 por ciento, y poco se puede hacer para modificar estos datos, por mucho que aguantes la respiración o que respires muy profundo en plena naturaleza. De hecho, si posees un oxímetro —hoy en día muchos de los relojes inteligentes que solemos llevar prendidos de la muñeca ya lo incluyen— puedes medirlo de forma muy precisa, (no es algo que necesites, pero no está de más que sepas que existe). Es importante tener una buena saturación de oxígeno en sangre, pero también lo es mantener un porcentaje de CO_2 adecuado, porque así el oxígeno se absorbe mejor.

Existen lugares en nuestro planeta que por sus

condiciones de altura poseen la particularidad de que su presión atmosférica disminuye, a pesar de tener niveles de oxígeno similares al resto de las zonas habitables, y la concentración de gases es menor que a nivel del mar. A los habitantes de esas localidades no les afecta en absoluto, pues están totalmente habituados a esta menor presión, pero sí es algo a tener muy en cuenta sobre todo entre los montañistas que quieran evitar el conocido mal de altura, cuyo término técnico es hipoxia y que consiste en una disminución importante del oxígeno disponible para las células. Esa es la razón por la cual, cuando te encuentras a gran altura, aumenta la dificultad para respirar, los pulmones no obtienen el mismo oxígeno que de costumbre en cada inhalación, te sientes más cansado, te falta el aire y, aunque respires profundamente, no te llega tanto oxígeno como cuando estás en lugares más cercanos al nivel del mar.

En los Alpes suizos, por ejemplo, el porcentaje de oxígeno de la atmósfera se mantiene constante a una altura de unos 4.800 metros. Pero al estar todas estas moléculas más dispersas, con menos densidad, esta diferencia basta para sentir una leve y poco deseable fatiga que se agrava a medida que seguimos ganando altura. Los escaladores de grandes picos saben de lo que hablo. La tolerancia a la hipoxia varía en cada persona, pero ya se pueden empezar a notar algunos síntomas desde que nos elevamos por encima de los 2.500 metros, entre los que están el dolor de cabeza, las náuseas y una cierta debilidad.

Mal de altura

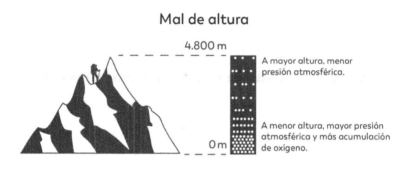

4.800 m

A mayor altura, menor presión atmosférica.

0 m

A menor altura, mayor presión atmosférica y más acumulación de oxígeno.

Volviendo a la importancia del CO_2 en el organismo, cuando respiramos de forma lenta, conseguimos aumentarlo de manera significativa al no expulsarlo con tanta rapidez, y cuando estos niveles aumentan en nuestro cuerpo, básicamente lo que conseguimos es relajar el sistema nervioso gracias a sus efectos vasodilatadores y broncodilatadores, siempre que lo aumentemos o disminuyamos de forma natural alargando las inhalaciones y las exhalaciones.

Otra de las características del CO_2, es que ayuda al

cuerpo a oxigenarse mejor, gracias a lo que se conoce como efecto Bohr, del que ya hablaremos más en detalle, pero que básicamente consiste en que, cuando el dióxido de carbono es mayor en sangre, la afinidad entre la hemoglobina y el oxígeno es menos acentuada, por lo que las células lo pueden recoger de forma más fácil.

La hemoglobina es la encargada de transportar el oxígeno hasta las células y lo lleva desde los pulmones a través de todo nuestro cuerpo, pero si detecta que las células no tienen suficiente dióxido de carbono, podríamos decir que le cuesta más soltar el oxígeno; esa es su moneda de cambio.

Si observamos el efecto contrario, es decir, las respiraciones rápidas, estas eliminan CO_2 de la sangre y, en consecuencia, se absorbe menos oxígeno. Tal como acabo de comentar, esto sucede porque la hemoglobina sigue teniendo mucha afinidad con el oxígeno y no le permite separarse tan fácilmente. A mayor concentración de CO_2 en las células, mucho más dispuesta está la hemoglobina a proporcionarles oxígeno.

Es importante mantener el equilibrio entre estos dos gases para nuestro cuerpo a lo largo del día, más allá de realizar prácticas de respiración para sentirnos relajados o activos. La mejor forma de conseguirlo es respirar siguiendo un patrón que según se ha comprobado es el más eficiente, que consiste en respirar durante la mayor parte del tiempo manteniendo una frecuencia de unos 5 o 6 ciclos de respiración por minuto, es decir, inhalar en 5 segundos y exhalar en otros 5 segundos con una minipausa de por medio. Esta sería la respiración ideal que deberíamos adoptar la mayor parte del tiempo.

Así que, si en tu día a día notas que estás respirando muy deprisa, expeliendo demasiado CO_2 y, en consecuencia, dejando de absorber todo el oxígeno que debieras, en cualquier momento puedes practicar una respiración algo más consciente, ralentizándola durante unos minutos, y volver a recobrar el equilibrio.

Muchos de esos momentos del día en que sentimos un ligero dolor de cabeza o nos notamos faltos de energía y fatigados, tienen que ver con que no estamos respirando a una frecuencia saludable, seguramente más rápido de lo que debiéramos, entre unas 8 y 12 respiraciones por minuto, lo cual produce un desequilibrio entre nuestros niveles de oxígeno y dióxido de carbono.

Quédate con la idea de que el oxígeno es bueno, pero el dióxido de carbono generado de forma natural por nuestro organismo también lo es, y el equilibrio entre ambos es fundamental.

Impulso respiratorio

Toma varias bocanadas de aire en una rápida sucesión, cierra los ojos y sumérgete en el agua para comprobar cuánto rato aguantas sin respirar. Muchos hemos practicado este juego en la infancia con hermanos o amigos, ya sea en la piscina o en la playa, y ganaba el que más tiempo lograse permanecer bajo el agua, en lo que podríamos catalogar como una de nuestras primeras apneas, es decir, una suspensión voluntaria de la respiración dentro del agua. Esta práctica se ha convertido en una de las actividades físicas más de moda en la actualidad, y es habitual ver también a deportistas de élite practicando la apnea para mejorar su rendimiento físico. Aunque algunos pensarán que puede ser peligroso, si se hace correctamente no existe ningún riesgo, siempre que se respete la capacidad de cada persona.

Cuando de niños solíamos jugar a este juego, el ganador casi siempre era el participante de más edad, por tener una mayor capacidad pulmonar, pero en igualdad de condiciones, el que hubiera desarrollado una mayor tolerancia al dióxido de carbono podría aguantar más, como mínimo hasta que acumulara demasiado CO_2 en el cuerpo, haciéndolo sentir incómodo y obligándolo a salir a la superficie para respirar, con lo que se pondría fin al juego. Esa sensación de «hambre de oxígeno» que sentimos cuando nuestra cabeza permanece hundida el suficiente tiempo y nuestro diafragma produce pequeños espasmos es lo que se conoce como impulso respiratorio.

Normalmente solemos creer que esta sensación de asfixia se produce por falta de oxígeno, convencidos de que nuestro cuerpo se ha quedado sin combustible y necesita volver a llenar de nuevo cada célula con una cantidad suficiente de oxígeno, pero a pesar de la creencia popular, esto no es del todo cierto. El impulso respiratorio es el reflejo que se produce en el organismo cuando existe una disminución del oxígeno, pero sobre todo cuando hay un aumento significativo del dióxido de carbono en la sangre. Este desequilibrio provoca una señal en el cerebro, que mediante el sistema nervioso central activa el diafragma y los músculos respiratorios para que realicen una inspiración forzada y así poder llenar los pulmones de aire.

Es un impulso instintivo que nace desde lo más profundo de nuestro sentido de supervivencia y que es incontrolable, pero sí que se puede ejercitar para retardarlo, y es ahí donde entra en juego la tolerancia al CO_2, algo que puede mejorarse a base de práctica y que no solo es interesante para quienes se dedican a la apnea, sino también para personas que padecen asma o algún otro problema respiratorio asociado a este proceso, así como para deportistas que desean ir un paso más allá en su rendimiento físico.

Realmente siempre hemos sido capaces de tener una tolerancia óptima hacia el CO_2, pero de nuevo, los malos hábitos vinculados a una respiración deficiente, como respirar por la boca o hacerlo demasiado rápido, han conseguido que nuestro organismo se vea menos capaz de soportarlo y permitiéndonos aguantar mucho menos tiempos sin tomar aire.

Situándonos al otro lado de la balanza, cuando tenemos los niveles de dióxido de carbono bajos, nuestras ganas de respirar disminuyen, no sentimos tan pronto ese impulso respiratorio, al menos hasta que poco a poco nuestras células vayan generando ese gas que ellas consideran un material de desecho y el CO_2 vuelva a inundar progresivamente nuestra sangre. Cuando te explique las técnicas de respiración encaminadas a activar tu cuerpo y a proporcionarte un extra de energía mediante la hiperventilación, podrás comprobarlo personalmente. Al exhalar deprisa, no dejas que tu organismo acumule el CO_2, y pasará más tiempo hasta que necesites llenar los pulmones de nuevo. Esta es una de las formas en que los practicantes de apnea deportiva consiguen estar muchos minutos bajo el agua sin necesidad de respirar, no solo aumentando su capacidad pulmonar, sino también aumentando su tolerancia al CO_2 con técnicas como la respiración buteyka.

Cuando hablo de activar el cuerpo o llenarlo de energía, no me refiero a la intención de acumular más fortaleza mental o algún tipo de vigor espiritual. Al practicar este tipo de ejercicios tan intensos, realmente producimos una serie de reacciones químicas en nuestro organismo que van desde la activación de la rama simpática de nuestro sistema nervioso, pasando por la constricción de nuestras venas y arterias, hasta aumentar considerablemente el ritmo cardiaco. Y eso es lo extraordinario del poder de la respiración.

Tú mismo puedes comprobarlo en cualquier momento mediante una prueba de respiración. Comprueba cuánto tiempo puedes resistir sin respirar después de haber soltado todo el aire, es decir, inhalas, exhalas todo el aire y mides con un cronómetro cuánto tiempo eres capaz de aguantar en ese estado; puedes apretarte la nariz con los dedos para asegurarte de que cierras por completo el flujo de aire.

Una vez terminada esta primera prueba, inhala y exhala rápidamente durante 20 segundos, a fin de eliminar el CO_2 del cuerpo y retrasar el impulso respiratorio. A continuación, vuelve a hacer lo mismo que al principio, exhala todo el aire y vuelve a medir cuánto tiempo resistes con los pulmones en vacío. Ya te anticipo que la diferencia entre la primera y la segunda prueba será bastante significativa, he visto algunos casos en los que han conseguido aguantar sin notar el hambre de oxígeno hasta más del doble de tiempo, y solamente recurriendo a esta pequeña hiperventilación.

Esto no es una técnica de respiración, ni tiene más finalidad que comprobar nuestra propia resistencia y las diferencias tangibles que existen entre respirar de una forma u otra, pero es de la manera más fácil de que compruebes por ti mismo la importancia del control del dióxido de carbono. Cabe destacar que la baja tolerancia a este gas se asocia con problemas como el asma o incluso con procesos de ansiedad. La alta susceptibilidad al dióxido de carbono, además, es la culpable de muchas de las jaquecas que quizá padezcamos durante el día.

Ahora ya te he contado lo suficiente como para poder explicarte de forma sencilla qué es el efecto Bohr. Precisamente en este fenómeno reside la clave de por qué respirar más lento para subir los niveles de CO_2 en sangre permite que nos oxigenemos mejor. Aunque en principio pueda sonar contradictorio, esta es la prueba irrefutable de que respirar más rápido no ayuda a que entre más oxígeno en nuestras células y tejidos, sino justamente lo contrario.

El efecto Bohr fue descubierto en 1904 por el fisiólogo danés Christian Bohr. Cuando era profesor de la Universidad de Copenhague, describió por primera vez una propiedad muy interesante de uno de los elementos que contiene nuestra sangre y que fascinaba al científico danés: la hemoglobina. Como suele suceder en estos casos, algunos críticos negaron que Bohr fuera el descubridor sosteniendo que ya circulaban estudios anteriores centrados en las propiedades de la sangre, la hemoglobina y el efecto que el dióxido de carbono causa en esta, pero finalmente el trabajo del profesor Bohr acabó trascendiendo y su autoría quedó fuera de toda duda.

El efecto Bohr es un fenómeno que tiene lugar durante el transporte de oxígeno en la sangre, cuando el nivel de dióxido de carbono (CO_2) en la sangre es elevado. Al quemar glucosa para producir energía, el organismo genera CO_2 creando un exceso de dióxido de carbono que el cuerpo debe eliminar.

Es en esta parte donde entra en juego la hemoglobina. Este importante componente de los glóbulos rojos se encarga de transportar el oxígeno desde los pulmones al resto del cuerpo para que nuestras células y tejidos se alimenten de él y puedan realizar sus funciones de forma eficiente. La hemoglobina, que además aporta a la sangre su aspecto de color rojizo, es la encargada de recoger las moléculas de oxígeno en los alveolos de nuestros pulmones y transportarlas al resto del cuerpo.

Cuando el oxígeno llega a las células, se desprende de la hemoglobina y entra en estas para alimentarlas, pero solo podrá desprenderse cuando la hemoglobina note que la célula tiene una carga considerable de CO_2 por desechar. Es decir, cuando los niveles de dióxido de carbono del cuerpo son elevados, la afinidad entre la hemoglobina y la molécula de oxígeno que transporta es menor, y las células lo tienen más fácil para tomar el oxígeno. Podría decirse que el CO_2 es la moneda de cambio.

Así pues, respirando más lento y obligando a nuestro cuerpo a subir los niveles de CO_2 en sangre, conseguiremos estar mejor oxigenados, al contrario de lo que se suele pensar. Existe la percepción de que hay que respirar muy rápido para poder acaparar todo el aire posible, y lamentablemente así es como solemos respirar durante todo el día, demasiado rápido, bajando intencionadamente la concentración de CO_2 y padeciendo todas las consecuencias de este pernicioso hábito: dolores de cabeza, fatiga, bajones de energía y, sobre todo, cansancio, al impedir que nuestras células hagan un trabajo eficiente. Todas estas consecuencias desagradables, que también son propias de un modo de vida estresante, nos obligan a permanecer todo el día en alerta. ¿Y cómo respira nuestro cuerpo cuando está en tensión? De forma demasiado rápida y superficial concentrando la respiración en la zona alta del tórax.

Viajar en avión es algo que me genera algo de tensión y que consigue saturarme el torrente sanguíneo de adrenalina y cortisol más que ninguna otra cosa.

Con los años he logrado controlarlo y que no me afecte en exceso. Los ejercicios respiratorios para relajar el sistema nervioso han contribuido en gran medida a ello, y no sabes cuánto lo agradezco. Pero antes de llegar a comprender que las respiraciones lentas y conscientes podían ayudarme a aliviar todos los síntomas propios del modo de lucha o huida, recuerdo que en uno de mis viajes un sudor frío empezó a correrme por la frente desde el mismo instante en que me disponía a pasar el control de seguridad del aeropuerto. Una parte de mí hubiera deseado que el detector de metales sonara escandalosamente a mi paso y me obligaran a volver a casa. A pesar de mis esfuerzos mentales porque se hicieran realidad mis deseos, pasé el control sin problemas y apenas quedaba media hora para el despegue.

Algo de música en mis auriculares y un libro a medio leer para distraerme eran mis únicas armas para hacer frente a esa sensación de pérdida total de control que me sobrevenía cuando el avión comenzaba a separarse del suelo. Cualquier movimiento o pequeña turbulencia hacía que me agarrara con fuerza a los reposabrazos mientras en mis oídos sonaba «Fix You», de Coldplay. Por supuesto, en ese momento mi ritmo cardiaco estaba disparado provocándome una ligera sensación de falta de aire. En momentos como este se activa la amígdala cerebral, donde está ubicada la zona del miedo de nuestro cerebro.

Ante situaciones de esta naturaleza, la zona del córtex prefrontal se va apagando, lo que nos impide pensar con claridad y razonar. Pero quizá lo más importante es que toda esta tensión que se acumula en nuestro cuerpo cuando adoptamos el modo de supervivencia y alerta, con el cortisol disparado, nos produce taquicardia y taquipnea, es decir, sentimos que nos falta el aire. En mi caso me vi casi obligado a abrir un poco la boca para intentar que me llegara más aire a los pulmones.

Durante este proceso en el que seguramente muchos nos hemos visto envueltos, ya sea por miedo a volar, a hablar en público o en los momentos previos a encarar una entrevista de trabajo, nuestra respiración se acelera, empezamos a expulsar más dióxido de carbono del que deberíamos y provocamos un desequilibrio que acaba por atraparnos en un círculo vicioso: cuanto más rápido respiramos, más sentimos que nos falta el aire. Esta pérdida de CO_2 cierra los bronquios y las vías respiratorias, constriñe los vasos sanguíneos y tensa todas y cada una de las partes de nuestro cuerpo.

En estas circunstancias podemos recurrir a un método que seguramente te resultará conocido, aunque por lo general ignoramos su mecánica. Simplemente consiste en respirar dentro de una bolsa de papel, y es un ejemplo muy sencillo que nos permitirá entender aún mejor el efecto Bohr. En mi particular caso de aerofobia, que así es como se denomina el miedo a volar, nunca he tenido que recurrir a este extremo, pero es bastante recomendable para equilibrar de nuevo el oxígeno y el dióxido de carbono.

Cuando exhalamos, una parte de ese aire contiene unos niveles considerables de CO_2, que, aun siendo beneficioso para nuestro organismo en algunos aspectos, no deja de ser un gas de desecho que finalmente debemos expulsar y liberar, pasando a formar parte del resto de los componentes del aire que nos rodea. La finalidad de respirar dentro de una bolsa es no dejar escapar ese dióxido de carbono que producen nuestras células de manera natural para volver a introducirlo en nuestro organismo y contrarrestar la pérdida del gas que hemos dejado escapar precipitadamente al respirar de forma agitada, con lo cual podemos volver a beneficiarnos de sus propiedades vasodilatadoras. La hemoglobina también detecta este regreso de CO_2 a nuestro interior y facilita la llegada del oxígeno a las células favoreciendo una mejor oxigenación. Este es uno de los grandes secretos —aunque para ti ya ha dejado de serlo— del dióxido de carbono, desvelado por el descubrimiento de Christian Bohr.

Evidentemente, el efecto Bohr se tiene muy en cuenta en medicina a la hora de tratar a pacientes con enfermedades respiratorias crónicas que presentan un elevado nivel de dióxido de carbono en sangre, debido a una disminución de la ventilación pulmonar. El tratamiento consiste en administrar oxígeno a los pacientes para disminuir el nivel de dióxido de carbono y así mejorar la función respiratoria, otra prueba inequívoca de que la solución está en hallar el equilibrio.

En resumen, y aunque a primera vista parezca algo contraintuitivo, tal como evidencian los estudios del fisiólogo Christian Bohr, respirar más lento, con inhalaciones y exhalaciones más largas, contribuye a una mejor oxigenación y, por consiguiente, a disfrutar de una mejor salud y de un mayor bienestar.

El pH no cambia con la dieta

Son muchas las personas que siguen al pie de la letra todas las indicaciones sobre las dietas alcalinas o ácidas, y seguramente ya habrás oído hablar de ellas. Esta tendencia alimentaria separa los alimentos en dos tipos, alimentos más ácidos o alimentos más alcalinos, y prescribe cuáles debemos ingerir en mayor o menor cantidad con el fin de cambiar el pH de la sangre. Noticia: esto no sirve de gran cosa, las dietas basadas en este supuesto apenas influyen en los niveles de pH. Sin embargo, la respiración sí incide en sus valores de una forma más efectiva y rápida, y aunque solo se trate de unas décimas, es algo interesante y que debe tenerse en cuenta. La acidez y la alcalinidad se miden por el pH en una escala de 0 a 14: el extremo ácido es 0, mientras que el 14 indica la parte más alcalina. Para que nuestro organismo funcione de forma óptima el pH debe estar entre 7,35 y 7,45, es decir, ligeramente más alcalino.

Escala de pH

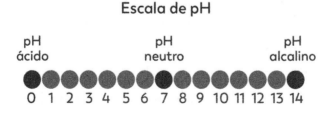

pH ácido · pH neutro · pH alcalino
0 1 2 3 4 5 6 7 8 9 10 11 12 13 14

Aunque sigas una dieta predominantemente ácida, tu pH siempre tenderá a ser más alcalino. De hecho, el organismo tiene varios mecanismos para que así sea y este siempre tendrá un mayor componente de alcalinidad. Estos mecanismos despliegan distintos recursos, como aumentar la frecuencia respiratoria para eliminar dióxido de carbono —que es un gas ligeramente ácido—, o expulsar, mediante la orina o el sudor, sustancias que logren compensar el pH hasta que se alcancen los niveles adecuados. Esto no quiere decir que podamos seguir una dieta totalmente ácida sin problemas, ya que el «peligro» reside precisamente en que todos estos mecanismos de compensación pueden acabar sobrecargándose en exceso. Una consecuencia de ello sería, por ejemplo, obligar a nuestros pulmones a respirar de forma más acelerada para eliminar el excedente de gases ácidos, con lo cual aumentaría la ansiedad y resultaría más difícil alcanzar un estado de relajación.

La alcalosis respiratoria se produce cuando hiperventilamos de manera crónica (es decir, cuando aumentamos la velocidad de nuestra respiración), ya sea por estrés, por mala condición física o por algún problema respiratorio, eliminando así demasiado dióxido de carbono, de forma que el pH aumenta, aproximándose al valor 14 de la escala, y la sangre se vuelve más alcalina. Los episodios de ansiedad o estrés, como comentaba, son la causa más frecuente de hiperventilación y de que se produzca la alcalosis respiratoria.

Entonces ¿cómo podemos utilizar la respiración para cambiar estos niveles? Una vez más el CO_2 tiene mucho que ver. Como ya indiqué unas líneas más arriba, si se da una menor presencia de CO_2 en la sangre, esta se alcaliniza ligeramente, mientras que, si hay más CO_2 en sangre, esta tiende a acidificarse. Recuerda que, si respiras lento, aumenta el CO_2, y si respiras aceleradamente, lo reduces. En consecuencia, si quisieras volver tu sangre algo más ácida, podrías conseguirlo respirando lentamente. Ahora bien, estos cambios son muy leves, apenas de unas décimas.

La homeostasis, que es la función mediante la cual nuestro organismo intenta mantener siempre todos los sistemas en equilibro, se pone en marcha para regular el pH cuando se produce alguno de los cambios descritos anteriormente, en un intento por mantener el pH estable. Si por alguna razón sentimos estrés o ansiedad, nuestra respiración se vuelve más rápida provocando una reducción de dióxido de carbono en sangre, así como un aumento de la alcalinidad. Estos cambios son percibidos por el cerebro mediante receptores bioquímicos y trata de compensarlos con otro de los mecanismos a su alcance, como por ejemplo los riñones. El sistema renal se activa para retener las sustancias más ácidas y dejar salir sustancias más alcalinas, como el bicarbonato. Esta es una de las razones por las que un estrés prolongado suele provocar que los riñones trabajen más de la cuenta, lo cual se traduce en más visitas al baño. Este es solo un ejemplo entre muchos de cómo el organismo procura mantener el equilibrio en todo momento, y como puedes ver, la respiración forma parte de las herramientas con que cuenta la homeostasis para cambiar los niveles de pH. La verdad es que utilizar la respiración para incidir conscientemente en los niveles de pH en sangre no es un recurso demasiado eficaz, o que debamos tener muy en cuenta, precisamente por su escasa incidencia en los valores de acidez y alcalinidad; además, con un simple análisis de sangre o de orina puedes saber exactamente cuáles son tus niveles. Pero no deja de ser interesante observar cómo responde nuestro cuerpo ante los cambios, y que una vez más la respiración forma parte importante de nuestro equilibrio físico repercutiendo en mayor o menor medida en la búsqueda de un bienestar armónico y de un adecuado equilibrio corporal.

3

EL SECRETO DE LA RESPIRACIÓN

El aire es tu alimento y tu medicamento.

ARISTÓTELES

Cierra la boca

Que la nariz es el órgano diseñado específicamente para respirar, es algo que nadie pone en duda, pero, aun así, el hecho de poder oxigenarnos también a través de la boca genera enormes dudas acerca de cuál es la mejor forma de hacerlo, inhalar por la nariz y exhalar por la boca, inhalar y exhalar siempre por la nariz, coger y soltar el aire por la boca. Son múltiples las combinaciones que nos permite realizar nuestro aparato respiratorio, pero no todas ellas igual de recomendables. Quizá ni te lo habías planteado, pero es una duda muy frecuente cuando las personas comienzan a ser conscientes de su respiración y empiezan a adquirir conocimientos sobre las diferentes técnicas posibles. Existe una frase a este respecto bastante conocida, muy ilustrativa y categórica en el ámbito de la ciencia de la respiración sobre la forma óptima de respirar: «Por la nariz se respira y por la boca se come». Se trata de una expresión categórica que no deja lugar a dudas. Si siguiéramos este mismo esquema y construyéramos otra frase como «Por los ojos se mira y por las orejas se escucha», esta nos parecería de lo más redundante y juzgaríamos como un sinsentido el mero hecho de haber tenido que recurrir a semejante dicho para constatarlo, pero, cuando la referencia recae sobre la nariz y la boca, parece que no lo vemos tan claro.

La nariz está especialmente diseñada para respirar, es una estructura anatómica totalmente diferenciada de la boca y con una función específica en el cuerpo humano. Podríamos decir que la nariz conforma un sistema en el que el aire pasa por varios procesos importantes antes de llegar a su destino, los pulmones. Procesos como el de la filtración del aire, la regulación de la temperatura e incluso hay varias zonas que se encargan de humedecer el aire que inhalamos. Es decir, todas sus funciones están orientadas a que el aire inhalado esté en las mejores condiciones para que nuestro cuerpo pueda absorberlo de la manera más eficiente.

Cuando respiramos por la nariz, y el aire comienza a transitar a través de las fosas nasales, este es purificado por una serie de elementos, como la mucosidad que hay en los cornetes, capaces de atrapar cualquier cuerpo extraño que transporte la respiración. Es una forma de protección, una barrera que evita que las bacterias o cualquier otro contaminante entren en nuestro organismo. Por tanto, cuando respiramos por la boca, los cornetes nasales pierden totalmente su función, de modo que con la respiración bucal estaríamos exponiéndonos a que cualquier patógeno entrara libremente en nuestro cuerpo.

La nariz nos brinda una función adicional, que es la de aportar calor. El aire que solemos respirar tiene una temperatura algo más baja que la de nuestro cuerpo, lo cual, sin duda, causaría muchas molestias en los pulmones si este les entrara directamente. Es por esta razón por la que el aire frío que respiramos en invierno o en zonas de bajas temperaturas no llega a nuestro interior a la misma temperatura, sino bastante más caliente, una vez más gracias a los mecanismos internos que trabajan cuando el aire entra por la nariz.

Piensa en la sensación de frío que has experimentado si alguna vez has tenido la oportunidad de visitar un lugar donde haya nevado o si practicas montañismo y te encuentras a cientos de metros sobre el nivel del mar. Después de un tiempo sometiendo el sistema respiratorio a esas temperaturas tan bajas, puedes notar cómo el frío llega al fondo de los pulmones, y si por alguna razón tu respiración ha sido más bucal que nasal, tus órganos, especialmente los pulmones, se resentirán en extremo. La nariz está diseñada para aportar calor a nuestra respiración, por lo que, si utilizamos solo esta vía lograremos que el aire que respiramos sea lo más caliente posible. Existen otras formas de calentar nuestra respiración, pero no son tan efectivas como la nariz.

Cabe añadir que cuanto mejor sea la temperatura del aire que respiramos, más fácil y eficiente es la entrada de oxígeno a los pulmones, lo cual se traduce en un mejor funcionamiento de nuestro organismo y en un mejor rendimiento en cualquier actividad física que llevemos a cabo. Respirar por la nariz es la mejor opción, por el mero hecho de hacerlo disfrutaremos de numerosas ventajas. Para que te hagas una idea de lo importante que es respirar bien, nuestro cuerpo ha evolucionado hasta tener unos 500 millones de alveolos, cada uno de los cuales tiene la misión de mantenernos bien alimentados de oxígeno. Así pues, ¿por qué no procurar que los pulmones reciban un aire de la mejor calidad posible?

Quizá te estés preguntando: vale, inhalar por la nariz es muy beneficioso para mi organismo, pero ¿y la exhalación? ¿Qué ocurre cuando hago ejercicio y me resulta imposible respirar solo por la nariz?

Hay múltiples ejercicios de respiración que te indican que recojas el aire por la nariz y lo expulses por la boca; al igual que cuando practicamos deporte y nuestro cuerpo requiere de un caudal más abundante de oxígeno debido al esfuerzo que está realizando, en estos casos la respiración bucal se vuelve prácticamente algo obligatorio. No temas, respirar totalmente por la boca, o incluso solo exhalar el aire de esta forma, no tiene graves consecuencias para nosotros cuando se produce por una cantidad de tiempo limitado. Esto es así porque tanto las técnicas de respiración que vayas a ejecutar como el ejercicio que estés realizando solo ocupan una pequeña porción de tiempo dentro de las veinticuatro horas del día. Lo que quiero decir es que no importa si durante una hora te ves obligado a respirar por la boca, son más importante las veintitrés horas restantes. Eso sí, mi recomendación es que incluso practicando deporte intentes mantener una respiración nasal todo el tiempo que puedas, ya que, al expulsar el aire por la boca, estarás perdiendo un porcentaje algo mayor de humedad en forma de vapor de agua que si lo hicieras por la nariz. Haz la prueba ahora mismo utilizando un vaso de cristal transparente. Inhala, ponte el vaso pegado a la nariz y exhala. Verás que el vaso se ha empañado, pero lo que estás viendo en realidad es el vapor de agua que has dejado salir, la humedad que expulsas con el aire. Si haces la misma prueba, pero dejando salir el aire por la boca, podrás notar un ligero incremento en el vaho que cubre el vaso, señal de que estás dejando escapar más humedad. Esa misma humedad, que no es más que agua con pequeñas partículas de CO_2 y de nitrógeno, no se repondrá en el organismo y perderás una cantidad más alta de agua que si hubieras expulsado el aire por la nariz. Para que te hagas una idea, nuestro cuerpo pierde unos 350 ml de agua al día a través del aire espirado. Este desaprovechamiento a la larga podría convertirse en un problema si no tienes la costumbre de beber suficiente agua al día, o si practicas deporte durante un tiempo prolongado y no repones los líquidos corporales necesarios para que el cuerpo funcione adecuadamente.

Si hablamos más en profundidad sobre la importancia de respirar por la nariz cuando hacemos ejercicio, entonces también hay que referirse a la ganancia de fricción que obtenemos y que nos permite regular con mucha más precisión el flujo de aire que entra y sale por la nariz, con lo que ganamos eficiencia respiratoria. Ya sabes que respiramos mucho más rápido de lo que deberíamos, y si además lo hacemos por la boca, aumentamos aún más la velocidad debido a que la cavidad bucal es más grande.

Y, por si fuera poco, debes saber que nuestra nariz posee una serie de neurorreceptores que envían señales de calma al cerebro. Si pones algo de atención en tu respiración, puedes darte cuenta de que, cuando sentimos que estamos en peligro o en momentos estresantes, automáticamente nuestra respiración cambia, incluso la boca se abre para permitir que el aire entre más deprisa y estés preparado para luchar o huir, así funciona nuestro cuerpo. En consecuencia, si respiras por la boca en una situación que no representa ningún peligro, igualmente le estarás enviando señales al cerebro para que se mantenga en alerta. Sin embargo, al respirar por la nariz, el cerebro envía las señales contrarias a nuestro sistema nervioso a través de los neurorreceptores de los que te hablaba para que se mantenga relajado. La respiración está tan estrechamente vinculada al sistema nervioso que, incluso el solo hecho de respirar por la boca o la nariz, puede cambiar la respuesta de nuestro organismo.

La respiración nasal proporciona un beneficio añadido que he querido destacar aparte por su especial relevancia. Cuando respiramos por la nariz favorecemos la entrada del monóxido de nitrógeno (NO), un gas que, al igual que el dióxido de carbono, actúa como broncodilatador. El monóxido de nitrógeno se produce en nuestros senos paranasales y, al mezclarse con el aire, dilata los vasos sanguíneos facilitando la absorción del oxígeno. Como los vasos sanguíneos y los bronquios se expanden ligeramente, el sistema cardiovascular trabaja mejor. Cabe señalar que la producción de este gas decrece cuando llegamos a la mitad de nuestro ciclo vital. Aunque esta circunstancia no tiene por qué preocuparte demasiado, es algo a tener cuenta si tienes problemas respiratorios pasados los cuarenta y cinco años. En ese caso vale la pena acudir a un especialista para que evalúe si tus senos paranasales están generando el suficiente monóxido de nitrógeno, y en caso contrario has de saber que existen terapias enfocadas a estimular su producción, aunque, insisto, no es un tema que deba inquietarte, solo una opción más que tener en cuenta si notas alguna deficiencia en tu respiración.

Conjunto de senos paranasales

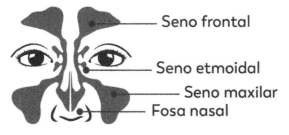

Seno frontal
Seno etmoidal
Seno maxilar
Fosa nasal

Voy a aportarte unos cuantos datos más acerca de la importancia de respirar (siempre que podamos) a través de la nariz. Me han preguntado tantas veces cuál es la mejor forma de inhalar y de exhalar que para mí se ha vuelto casi una obsesión recabar datos que argumenten por qué el 99,9 por ciento de las veces que respiremos a lo largo de nuestra vida debemos esforzarnos en hacerlo con la boca bien cerrada. Para que te hagas una idea de lo perjudicial que es respirar por la boca, esta opción respiratoria está directamente relacionada con el desarrollo facial, o, para ser más exactos, con el mal desarrollo facial. Respirar por la boca afecta al crecimiento de la cara, sobre todo a edades tempranas. El rostro crece más a lo largo que a lo ancho, y eso en consecuencia produce un estrechamiento del paladar y de las vías respiratorias. Una configuración facial semejante te asegura que tendrás taponada la nariz muy a menudo y que te verás forzado a respirar por la boca, cayendo así en un círculo vicioso de mala respiración.

Cuando un niño no respira bien, tampoco duerme bien, y eso le genera un cansancio perfectamente evitable. Las personas, en especial los más pequeños, que son respiradores bucales, por lo general se sienten más irritables, estresados, somnolientos e incluso fatigados.

Hablemos de por qué la respiración bucal se ha vuelto tan común. Como todo hábito, es algo que hemos ido forjando a lo largo del tiempo, en este caso a lo largo de los años. Es un hábito que suele comenzar a edad temprana. Respirar sin filtrar el aire ni calentarlo ocasiona alergias e infecciones, debido a que el aire no se ha limpiado como correspondía ni ha alcanzado la temperatura adecuada. Ahora bien, todos estos factores pueden resultar igualmente perjudiciales en nuestra vida adulta. El hecho de respirar por la boca dificulta el crecimiento de los huesos de la cara, y en consecuencia el maxilar y el paladar se desarrollan insuficientemente, dando origen a futuros problemas respiratorios. Detectar a tiempo este tipo de respiración defectuosa es importante para corregirla lo antes posible.

La nariz, con todo el complejo sistema que la compone, es un órgano maravilloso. Uno de los campos donde se han realizado más estudios es el de la percepción de los olores, capaces de transportarnos inmediatamente a estados de ánimo asociados con nuestro pasado. Los aromas de un determinado ambiente repercuten poderosamente en el modo en que el cerebro procesa la información, hasta el extremo de que algunos olores pueden alterar la realización de ciertos trabajos.

En la Universidad de Filadelfia decidieron poner a prueba la capacidad de algunos aromas para transportarnos hasta momentos concretos del pasado y, de esta forma, conseguir rememorar el mismo estado de ánimo de aquel momento. Para llevarlo a cabo, prepararon una habitación con un perfume muy concreto, y posteriormente llevaron a varios niños y niñas a los que se les pidió que resolvieran un juego bastante complejo. La idea era que no lograran resolverlo para generarles un inevitable sentimiento de decepción y desánimo. Más tarde repitieron la prueba con el mismo perfume, pero en esta ocasión el juego era bastante sencillo. Adivina qué sucedió: en efecto, los resultados fueron casi igual de malos. Sin embargo, cuando la habitación estaba libre de olores, la gráfica de acierto era muchísimo mejor. Es decir, cuando exponían a estos niños al mismo olor que cuando habían sentido frustración, sus resultados eran casi o igual de malos, aunque el reto fuera más que resoluble para ellos. El olor conseguía provocarles una sensación de desánimo que mermaba sus capacidades. En el experimento demostraron este hecho recurriendo a una emoción negativa, pero funciona igual con estímulos positivos: los aromas y los olores nos transportan anímicamente a un recuerdo o a una sensación. Utilizar la nariz para respirar activa las zonas del cerebro que se encargan de regular tanto la memoria como las emociones para traer recuerdos a nuestro presente.

Existe un problema cada vez más extendido, y es que, pese a todo lo comentado, hay un momento del día en que es imposible que seas consciente de cómo estás respirando. Cuando duermes. Muchas personas, ya sea porque tienen las fosas nasales totalmente taponadas, ya sea por la posición en que duermen, inconscientemente obligan a su cuerpo a respirar por la boca en vez de por la nariz, lo cual también afecta a la calidad y duración del sueño, ya que de este modo el organismo no se recupera bien, y a medio o a largo plazo acaban surgiendo problemas. Algunos síntomas son detectables, sobre todo al despertar. Boca seca, garganta irritada, sensación de no haber descansado del todo, a los que cabe añadir otro síntoma muy común, la célebre apnea del sueño, otra consecuencia más de respirar por la boca y de tener la mandíbula mal formada. Pero ya hablaré más a fondo de estos problemas respiratorios en otro capítulo.

En fin, espero haber disipado cualquier duda sobre si es mejor respirar por la nariz o por la boca en estas pocas líneas. La nariz es un órgano diseñado específicamente para respirar, de modo que siempre será mejor optar por él y disfrutar de sus enormes beneficios. Aprender, aunque solo sean unas pocas nociones básicas sobre cómo funciona la respiración, le dará aún más sentido a cada ejercicio de respiración que practiques.

Todo lo que debes saber sobre tus pulmones

Los pulmones no se expanden porque los llenamos de aire, sino que los llenamos de aire porque se expanden.

FRANCISCUS SYLVIUS DE LE BOE,
Opera medica, 1681

Existen historias increíbles que merecen ser contadas y que no pueden caer en el olvido. Historias que nos hablan de superación, resiliencia y de la gran capacidad que tiene el ser humano de no rendirse nunca y de sobrevivir con coraje y algo de ingenio.

Cuando Paul Richard Alexander, nacido en Texas, Estados Unidos, en 1946, contrajo poliomielitis a los seis años, estoy seguro de que nadie se esperaba que diera muestras de semejante fuerza de voluntad a lo largo de toda su vida. A tan corta edad, Paul quedó totalmente paralizado desde el cuello hacia abajo, aquejado de polio, una enfermedad que por entonces era bastante habitual.

Pulmón de acero, así llamaron al artilugio que idearon para ayudar a respirar a las personas afectadas de polio. En los hospitales era de lo más común encontrar salas llenas de estos dispositivos en forma de cápsula donde el enfermo era introducido con la intención de mantenerlo con vida gracias a un sistema de respiración mecánica. Como puedes imaginar, ese niño de Texas fue uno de esos pacientes.

Lo increíble de esta historia es que Paul es de las pocas personas, por no decir la única, que aún hoy día sigue utilizando el pulmón de acero para sobrevivir, pues desde que se descubrió y popularizó la vacuna para contra su enfermedad, estas máquinas fueron quedando obsoletas y dejaron de utilizarse.

Cuando Paul empezó a tener los primeros síntomas, casi era incapaz de sostenerse en pie y de hablar; poco a poco su cuerpo se fue paralizando por completo hasta llegar a un punto en que sus músculos respiratorios, los que trabajan para llenar o vaciar los pulmones, como el diafragma, también dejaron de funcionar.

El ventilador de presión negativa, que así es como se conoce técnicamente al pulmón de acero, crea un compartimento estanco y sellado donde se introduce al paciente dejando su cabeza fuera. El dispositivo bombea aire dentro y fuera del tanque generando presiones tanto positivas como negativas. Cuando la presión disminuye, los pulmones se expanden y el aire ingresa desde fuera a través de la nariz, y a su vez, cuando la presión del tanque aumenta, obliga a los pulmones a retraerse expulsando todo el aire. Paul ha dado muestras de una gran entereza, pues además de permanecer setenta años con vida dependiendo de este artilugio que lo ayuda a respirar, se doctoró en Derecho y ha escrito un libro donde cuenta su historia. Tardó cinco años en terminarlo valiéndose de un bolígrafo atado a una vara que accionaba con la boca. El suyo es el relato de una lucha titánica diaria sostenida día tras día, y servirá para ilustrar el objetivo de lo que viene a continuación, enseñarte cómo funcionan nuestros pulmones.

El ser humano respira una media de veintitrés mil veces a lo largo del día, es decir, el aire entra y sale de los pulmones veintitrés mil veces al día, y nuestro diafragma realiza veintitrés mil movimientos para generar las presiones que obligarán al aire del exterior a entrar, y al aire del interior a volver a hacer el recorrido inverso hacia fuera. ¿De cuántos de estos miles de respiraciones eres consciente? No de muchos, supongo.

Nuestro cuerpo es una máquina perfecta, y cuando funciona bien lo hace de forma automática, sin que tengamos que darle instrucciones. Pero ¿qué sucede cuando la máquina empieza a fallar? En el caso de las contracciones del diafragma, cuando este no funciona correctamente, no se ejerce la presión necesaria para que el aire entre en los pulmones, y en consecuencia estos no se oxigenan a la velocidad adecuada. Este desarreglo puede provocar episodios de disnea —sensación de falta de aire— llegando a impedirnos realizar actividades físicas con normalidad. En caso de sufrir alguno de estos problemas, deberemos reeducar la respiración con ejercicios específicos como los que enseño en este libro, así como corregir las malas posturas que comprimen el diafragma y le impiden expandirse correctamente y generar la presión adecuada. Estas posturas incorrectas son frecuentes y se ven agravadas por una vida sedentaria.

En este capítulo me centraré en los pulmones, los órganos responsables del intercambio de materiales gaseosos entre el exterior y el interior del cuerpo, aunque después de haber leído la historia de Paul Richard ya sabemos que no pueden hacer este trabajo por sí solos y que realmente el motor de estos es el diafragma. Lo normal es que el pulmón derecho sea algo más grande que el izquierdo, y cada uno tiene varios lóbulos, es decir, varias secciones diferenciadas. El izquierdo es algo más pequeño y solo posee dos de estas secciones debido a que el corazón, que está algo desplazado hacia la izquierda, ocupa ese espacio. Uno de los rasgos más característicos de los pulmones es su elasticidad, que poseen gracias a las fibras de elastina y colágeno que los componen, una peculiaridad que les permite inflarse para posteriormente volver a su tamaño sin perder su forma original.

Tres lóbulos componen el pulmón derecho, y entre los dos sacos pulmonares pueden albergar un total de seis litros de aire en el caso de los hombres, y algo menos, cuatro con dos litros, en las mujeres. Hablo en líneas generales, porque también puede darse el caso contrario. Los hombres suelen ser más altos, con la espalda más ancha y, por lo tanto, con mayor espacio para que la caja torácica pueda albergar unos pulmones más grandes. Si pudiéramos hacernos muy pequeños y colarnos en su interior, veríamos algo parecido a las ramas de un árbol. El aire va pasando por las diferentes ramificaciones, desde los bronquios a los bronquiolos, hasta terminar en unos pequeños sacos llamados alveolos, que se asemejan a pequeños racimos de uvas. Justo aquí es donde se produce el verdadero «milagro» de la respiración, el intercambio gaseoso. El viaje del oxígeno comienza en los pulmones y tiene como segunda parada el corazón, ya que es transportado directamente hasta allí para que este lo lance en todas direcciones a través de las arterias del cuerpo. El oxígeno recorre el camino hacia el cerebro y al resto de los órganos llegando a todo el organismo. En cuanto las células se han alimentado de oxígeno, reaccionan generando el conocido dióxido de carbono, del que deben deprenderse. Ahora le toca al CO_2 emprender el camino de regreso a través de las venas para volver hasta los pulmones y ser expulsado de nuevo hacia el exterior. Para cuando hayamos cumplido setenta años, habremos repetido esta travesía unos seiscientos millones de veces, aproximadamente, y, aunque se trata de un proceso vital para nuestro organismo, no siempre se produce de la misma manera. En ocasiones la respiración se acelera o se ralentiza, y estas variaciones son percibidas mediante cambios en la frecuencia cardiaca. Por ejemplo, cuando hacemos ejercicio, el músculo cardiaco se contrae con más fuerza y rapidez, debido a que el cuerpo necesita más oxígeno. La respiración también se acelera cuando estamos nerviosos o asustados En cambio, si estamos tranquilos o dormidos, la respiración se ralentiza, y es ahí donde entra en juego uno de los reguladores más importantes de nuestro cuerpo. Se trata de un entramado que se extiende por todo el cuerpo y que tiene la tarea de procesar tanto la información que recibe desde todos los rincones de nuestro organismo como de lo que percibe del exterior. Me refiero al sistema nervioso autónomo.

Hablemos ahora sobre la capacidad pulmonar, un tema que suele ser objeto de debate. Realiza este ejercicio o este otro y aumenta tu capacidad, aguanta la respiración durante diez segundos y mejora tu volumen de aire inspirado. Es muy frecuente encontrar este tipo de indicaciones y técnicas que no dejan de ser beneficiosas, pero la realidad es que el margen de mejora de la capacidad pulmonar está entre un 5 y un 15 por ciento, siempre que recurramos al ejercicio aeróbico o a las técnicas de respiración. Probablemente es menos de lo que esperabas, aunque con ejercicios muy específicos y mucha práctica, los apneístas pueden llegar a aumentar su capacidad pulmonar en un rango más amplio. Y, en cualquier caso, un 15 por ciento es un incremento digno de tener en cuenta, ya que cualquier mejora, por pequeña que pueda parecernos, siempre nos reportará alguna ventaja.

Sea cual sea nuestra capacidad, es probable que solo con cambiar el patrón de respiración —el ritmo al que inhalas y exhalas—, prestar especial atención al diafragma y expandir los músculos intercostales, logres aumentar tu capacidad. En principio se trata, simplemente, de ser conscientes del modo en que respiramos.

Incluir ejercicios de respiración en el entrenamiento es muy común dentro del deporte de élite, en el que cualquier pequeño progreso puede marcar la diferencia. Conseguir llegar más lejos, más alto o más rápido, aunque solo sea una centésima de segundo, te convierte en un mejor competidor, y si el aumento de la capacidad pulmonar, la tolerancia al CO_2 y la mejora del patrón respiratorio puede aportártelo, ten por seguro que a ese nivel de competición harás todo lo posible por conseguirlo. Lo relevante es que no hay que ser un deportista olímpico para aprovechar estas mejoras, cualquier persona —sedentaria, activa o practicante de cualquier deporte a nivel usuario— puede beneficiarse de estas ventajas para su sistema respiratorio.

Está más que comprobado que el talento evolutivo del ser humano casi no tiene límites y, dependiendo del entorno en el que necesite vivir, desarrolla una serie de adaptaciones que en ocasiones pueden llegar a convertirlo en un ser casi sobrehumano. Estas prestaciones que prácticamente podríamos considerar superpoderes se aprecian claramente en la tribu de los bajau laut, también conocidos como los nómadas del mar, que proceden del sudoeste de Filipinas y cuya vida se ha desarrollado desde hace casi mil años en estrecha relación con el mar. De hecho, son la única etnia que considera el océano como su hogar. Han desarrollado toda una filosofía de vida alrededor de este medio y sienten que el mar y sus corrientes poseen un espíritu propio al que respetan y veneran. Incluso construyen sus casas de madera sobre las aguas menos profundas que les rodean. Muy conectados con el medio en el que habitan, los bajau han desarrollado una capacidad espectacular de adaptación y son capaces de sumergirse hasta sesenta metros de profundidad sin más ayuda que sus propios pulmones y aguantar la respiración bajo la superficie más de doce minutos. Los bajau aprovechan su privilegiada capacidad de adaptación para pescar todo tipo de peces y recoger conchas marinas. Los miembros de esta tribu, cuyas condiciones de vida empeoran día tras día debido a la sobreexplotación de los mares por parte de la pesca industrial y a la contaminación, tienen unos vasos sanguíneos más adaptados a este medio y consiguen que una mayor cantidad de sangre llegue a los pulmones en cuanto la presión aumenta a causa de la profundidad. Sus pulmones también son más grandes, con lo que pueden albergar más aire. Además, sus niveles de hemoglobina, que distribuye el oxígeno por todo el organismo, son más elevados de lo normal si se comparan con el promedio del resto de los seres humanos que no practican el buceo libre. Una pequeña mutación de su ADN los ha dotado de altas capacidades para sumergirse tanto tiempo y a tanta profundidad sin ningún problema. La capacidad sobrehumana que les permite permanecer conteniendo la respiración a esos niveles implica reducir la frecuencia cardiaca entre un 10 y un 20 por ciento, lo cual repercute en un menor gasto de oxígeno. Si sacamos este factor adaptativo del agua y lo llevamos a tierra, podríamos aprovecharlo en forma de prácticas respiratorias centradas en realizar pequeñas apneas conscientes, a fin de disminuir la frecuencia cardiaca y la presión sanguínea. Con ello lograríamos alcanzar ese estado de relajación y de calma asociado a este tipo de ejercicios. Por lo tanto, empezar a practicar pequeñas apneas conscientes puede sernos de gran ayuda a la hora de controlar nuestro ritmo de latidos. Justamente en eso se basan muchos de los ejercicios de respiración, como la respiración triangular o cuadrada, en introducir pequeñas pausas entre la inhalación y la exhalación para realizar apneas controladas, respiraciones que aprenderás a ejecutar en los siguientes capítulos.

Lo que respiras de verdad

Que el aire está compuesto por múltiples gases y que, además, uno de los más importantes para la vida en la tierra es el oxígeno es algo que hoy por hoy todo el mundo da por hecho. Pero no fue hasta 1774 cuando el afán humano por desentrañar las incógnitas que nos rodean encontró la respuesta a algo que se nos ocultaba a simple vista, y a partir de entonces el oxígeno ocupa un lugar preponderante dentro de los elementos imprescindibles para la vida.

Joseph Priestley, allá por el siglo XVIII, nos abrió los ojos con respecto a la antigua idea de que todo estaba conformado por los cuatro elementos básicos de la creación: agua, fuego, tierra y aire. Este investigador, pensador y químico experimental inglés arrojó luz sobre una cuestión en la que muy pocos habían reparado, o al menos así lo parecía. Me refiero a la idea de que el aire que nos rodea no es un único elemento básico, sino que está compuesto por una mezcla de varios gases. Una idea disruptiva para la época, pero que concordaba perfectamente con la personalidad algo transgresora de Priestley. Hombre de gran temperamento, al cabo de unos años se vio obligado a abandonar su patria y terminó sus días en Estados Unidos, dado que muchos de sus pensamientos no terminaban de encajar con los parámetros más conservadores, tanto en el ámbito religioso como político, de sus contemporáneos.

Más allá de aquellas ideas poco convencionales para la época, su ímpetu y su gran prestigio como químico le permitieron ocupar un lugar relevante entre sus iguales. Mediante sus experimentos, Priestley logró aislar un compuesto gaseoso al que en un primer momento llamó aire desflogisticado y que posteriormente pasaría a ser renombrado como oxígeno, tal como lo conocemos hoy en día. Unos años antes, también en Inglaterra, ya se había logrado aislar otros gases que componen nuestra atmósfera, como el dióxido de carbono, al que en un principio denominaron aire fijo. Asimismo, ya habían identificado el hidrógeno y el nitrógeno, pero un elemento tan fundamental para el desarrollo de la vida como el oxígeno aún permanecía oculto entre los otros gases, hasta que, finalmente tras llevar a cabo una investigación sistemática consistente en aislar los gases conocidos hasta la fecha y exponerlos a diferentes plantas y a pequeños roedores, Priestley observó que al poner una planta en un recipiente con dióxido de carbono, esta no moría, sino que, por el contrario, renovaba el aire, e incluso los ratones seguían vivos en aquel ambiente gaseoso que antes les causaba la muerte. También se percató de que las plantas expulsaban algún componente que mantenía vivo al resto de los seres. Al cabo de varios experimentos más, concluyó que se trataba de ese gas tan preciado para los humanos y para el resto de los seres vivos.

Pese a lo que suele pensarse, no respiramos un ciento por ciento de oxígeno ni expulsamos un ciento por ciento de dióxido de carbono. Lo cierto es que un 78 por ciento del aire que inhalamos está compuesto por nitrógeno y solo un 21 por ciento es oxígeno; el resto es algo de argón, un poco de dióxido de carbono y una mezcla de otros gases en bajas proporciones. Estoy hablando siempre en términos generales, pues si nos halláramos en lo alto de una montaña o en ambientes contaminados, los porcentajes cambiarían.

Una pequeña parte de ese nitrógeno que inhalamos se queda dentro, ya que solo volvemos a expulsar un 74,4 por ciento. Algo parecido sucede con el oxígeno, del que exhalamos entre un 13 y un 16 por ciento. Lo más interesante es que exhalamos un 5 por ciento de dióxido de carbono, que es bastante más del que inhalamos (0,04 por ciento), lo cual quiere decir que es nuestro organismo el que produce todo ese CO_2.

No tienes por qué aprenderte de memoria estas cifras, pero me gustaría que las tuvieras presentes para poder hacerte una idea general de lo que ocurre en tu cuerpo cuando respiras. Son datos que quizá desconocías, y de esta forma, cuando realices los ejercicios de respiración, podrás comprender mucho mejor cómo funcionan y cómo influyen en tu cuerpo.

El oxígeno es un elemento vital, resulta esencial para vivir, alimenta nuestras células, y todos los cambios químicos, la oxidación, la transformación de líquidos y alimentos en energía, se producen gracias al O_2. Cuando activamos los músculos, por ejemplo, lo que estamos haciendo es quemar calorías, y esto ocurre gracias a una serie de procesos químicos en los que interviene el oxígeno provocando las reacciones que los hacen posibles. Como ya debes de imaginarte, el oxígeno repara las células, es el principal alimento del cerebro y ayuda a depurar el organismo. Por otro lado, el dióxido de carbono desempeña funciones muy importantes para nuestro cuerpo y, a pesar de que suele considerarse un gas de desecho, antes de ser expulsado, gracias a su peculiar composición posee propiedades vasodilatadoras (de las que ya hemos hablado) y es el causante de una serie de reacciones que en la mayoría de los casos resultan beneficiosas para nuestro organismo.

Otra de sus funciones más importantes, que se activa cuando registramos niveles altos de CO_2 en sangre, es la de aumentar la absorción del oxígeno por parte de nuestras células, de modo que cuanto mayor es el nivel de CO_2, más fácil les resulta a las células recoger el oxígeno en sangre. Recuerda, a este respecto, el célebre efecto Bohr, mediante el cual, gracias al dióxido de carbono, la hemoglobina que transporta el oxígeno a través de nuestro cuerpo puede depositarlo con más facilidad en las células.

Tanto el CO_2 como el oxígeno desempeñan un importante papel en el buen funcionamiento del organismo, por lo que el objetivo final de nuestros ejercicios de respiración siempre será buscar el equilibrio entre ambos gases, ya que su correcto intercambio es fundamental para nuestra salud.

Cabe destacar que al hablar de niveles altos de CO_2 en sangre siempre nos estamos refiriendo a una producción orgánica, generada de forma natural. Si respiramos lentamente, nuestro CO_2 aumenta, y si respiramos rápido, desciende, lo cual básicamente quiere decir que, si aprendemos a controlarlo variando el ritmo de la respiración, podremos manipular los niveles de dióxido de carbono en el organismo, con lo que seremos capaces de provocar efectos vasodilatadores o constrictores, en función de la reacción que queramos generar en nuestro organismo.

4

TOMA EL CONTROL
DE TU SISTEMA NERVIOSO

> Un síntoma de que te acercas a una crisis nerviosa es creer que tu trabajo es tremendamente importante.
>
> Bertrand Russell

El sistema nervioso autónomo

Hemos convertido nuestra existencia en un sistema de vida muy exigente. Puede parecer una frase algo paradójica si la aplicamos a una sociedad que, en su mayoría, al menos en Occidente, tiene la suerte de contar con sus necesidades básicas cubiertas —comida, agua, un techo donde dormir, un colchón de seguridad, leyes que protegen a los ciudadanos—. Podríamos decir que los tres primeros escalones de la famosa pirámide de Maslow están cubiertos en mayor o menor medida. Y no solo eso, actualmente la humanidad disfruta de una serie de avances tecnológicos que solo unos pocos años atrás resultaban inimaginables. Tenemos prácticamente cualquier cosa a nuestro alcance con un simple clic. Las nuevas tecnologías nos permiten estar hiperconectados, «saber» todo de todo y «saber» todo de todos en apenas unos segundos. Pero, como sucede siempre, hay que pagar un peaje; en este caso debemos soportar que nuestros días estén saturados de estímulos, sin descanso.

Llegan en forma de avalancha cientos de noticias desde todos los rincones del planeta que debemos asimilar y analizar, no vaya a parecer que estamos desconectados de la actualidad. Podemos acceder a miles de webs y vídeos donde nos regalan claves y trucos para ser los mejores estudiantes, los mejores en nuestro trabajo, los mejores padres, los mejores emprendedores, los mejores a la hora de nutrirnos y los mejores haciendo ejercicio, viéndonos casi empujados a vivir en una constante saturación de información con la desagradable sensación de que no estamos haciendo todo lo posible por ser nuestra mejor versión. Tenemos a nuestro alcance cientos de fotografías y vídeos increíbles de los destinos más espectaculares del mundo, adonde viajan nuestros amigos o familiares al instante. Publicaciones en redes sociales sobre los dos nuevos restaurantes a los que debes ir, las tres tendencias de moda que arrasarán esta semana y el nuevo secreto para encontrar la forma de hacerte rico de manera fácil. También tienes disponibles las cinco mejores series del año, estrenadas hoy mismo y que no te puedes perder, y dos nuevos capítulos de tus pódcast favoritos, que, por supuesto, por nada del mundo vas a dejar pasar. Hay que evitar a toda costa la sensación de que nos estamos quedando atrás, desfasados. Todo esto en un solo día, y quizá lo más grave sea que probablemente me esté quedando corto a la hora de enumerar la increíble cantidad de datos que nos llegan en solo veinticuatro horas. Ante tal situación, nos invade un miedo social a estar fuera de onda, no queremos ser el raro que no ha visto las últimas noticias ni el que aún no se ha podido fotografiar en el último local de moda que acaba de abrir. Escuchamos pódcast y vemos series al doble de velocidad (opción que han incluido las plataformas de *streaming* y apps de móviles en vista de nuestra ansia por consumir todo de forma veloz), llenamos nuestro calendario hasta el último minuto del día y aprendemos técnicas que nos permitan leer libros en menos de una hora. Debemos asumirlo, vivimos en una sociedad con prisa, con mucha prisa. Lo extraño es que esta nueva época de la exigencia en realidad no exige nada, pero la ingente cantidad de información y de opciones que tenemos a nuestro alcance nos cae encima como un enorme peso, y la obligatoriedad de estar en todo se ha instalado definitivamente en nuestras vidas. Nos exigimos demasiado y creamos unos estándares vitales estresantes por definición y que en muchos casos terminan en procesos de ansiedad. Hay tanta presión y exigencia, y tan poca práctica en lidiar con todo esto, que la ansiedad se está volviendo la norma en nuestra sociedad. Jiddu Krishnamurti, filósofo y orador indio, decía que no es signo de buena salud estar adaptados a una sociedad profundamente enferma. Esta frase cobra cada vez más sentido en la actualidad.

Esto, lejos de ser una crítica social del modo de vida actual, no es más que una forma de situarnos en el momento presente para, desde ahí, poder entender por qué en muy pocos años hemos pasado de tener que sobrevivir «simplemente» a vivir todo el tiempo con la sensación de que, hagas lo que hagas, hay algo mejor que no estás haciendo o que te estás perdiendo.

Esto se ha convertido en algo tan evidente que han terminado por ponerle nombre: es un fenómeno denominado FOMO, acrónimo de Fear Of Missing Out, que básicamente consiste en un miedo irracional a estar perdiéndonos algo, un pensamiento que además nos hace sentir mal. Según un estudio del Pew Research Center, los adolescentes experimentan el FOMO más que los adultos, aunque estos últimos tampoco se libran, y las redes sociales tienen mucho que ver con ello, puesto que generan una continua necesidad de permanecer atento a cualquier cosa que pase en internet y en el mundo. Parafraseando al premio nobel de Literatura Bertrand Russel, nadie puede saber, creo yo, si en el siglo XX la gente fue más o menos feliz que en otras épocas. No hay ninguna estadística fiable para saberlo. ¿Nos hicieron más felices la televisión o el fax?

Hoy por hoy, en pleno siglo XXI, cuando el fax ya es un vestigio del pasado y la conectividad se ha multiplicado hasta lugares inimaginables, las estadísticas sí que arrojan datos más fiables sobre los índices de estrés, ansiedad, depresión, insomnio e incluso de felicidad, y podemos afirmar que las conclusiones no son del todo alentadoras. Citando a Russell de nuevo, quizá tú seas feliz y no tengas problemas, pero pregúntate cuántos de tus amigos o familiares lo son realmente. O mira a tu alrededor y aprende a leer en los rostros que te encuentres a lo largo del día cuál es el estado de ánimo actual.

Además del FOMO, también se ha generalizado una percepción extraña del tiempo. Si te quejas de que vas falto de tiempo, los demás damos por hecho que eso es síntoma de que estás aprovechando tu vida, que eres una persona de éxito o que persigues una meta y estás poniendo todo tu empeño en alcanzarla. Piénsalo, ¿en qué momento no tener tiempo se ha convertido en algo bueno? Muy a nuestro pesar, el tiempo es algo que no es recuperable, al menos para nosotros es algo finito, pero eso no justifica que corramos de aquí para allá como pollo sin cabeza, sin saber bien a dónde vamos. Esta actitud no acaba de tener sentido y, como en muchos de nuestros hábitos de vida actuales, una vez más alteramos los ciclos naturales de nuestro organismo llevándolo hacia unos límites que, como poco, merman nuestras capacidades de aterrizar en el presente.

Si te sientes identificado con todo lo dicho, o aunque solo sea en parte, es muy posible que el síndrome de burnout, más conocido como el síndrome del trabajador quemado, aunque me gusta utilizarlo también para todos los ámbitos de la vida, haya hecho presa en ti. Este estado de agotamiento se produce precisamente por una concatenación de algunos de los factores enumerados antes. Y es que, como especie, estamos muy preparados y adaptados para resistir el estrés, pero solamente el que nos aporta un plus de vitalidad y empuje en un momento dado, es decir, un estrés producido por un hecho en concreto para ayudarnos a superar una determinada adversidad puntual. Sin embargo, físicamente, somos unos completos ineptos cuando se trata de soportar un estrés crónico. Antes o después nuestro cuerpo necesita recuperarse, y si no puede hacerlo porque está siempre en alerta, comienza a apoderarse de nosotros un estado de apatía, cansancio, episodios de insomnio y una larga lista de síntomas no menos desagradables.

Hoy en día, con los tiempos que corren, los que corremos somos nosotros, propensos en todo momento a contraer una enfermedad llamada estrés crónico y a producir su hormona más conocida, el cortisol. Este es el mundo y la época que nos ha tocado vivir, es perfecta tal como es, y hemos llegado hasta aquí porque no podía ser de otra manera. Al decir esto solo trato de establecer el marco en el que nos movemos y por el que discurren nuestras vidas. La verdad es que, salvo en contadas ocasiones, no estamos corriendo ningún peligro cada vez que damos un paso, pero vivimos como si así fuera, nuestro cuerpo lo somatiza y nos tiene todo el día con el sistema nervioso revolucionado, concretamente su rama simpática, también conocida como la de la lucha o huida.

Sobreinformación, autoexigencia, exceso de estímulos a todas horas... Sea como sea, este estilo de vida nos aboca a un callejón sin salida, al final del cual nos espera el agotamiento mental y físico. El proyecto de Medita por el mundo, que inicié hace unos años, tenía y sigue teniendo un objetivo claro, que la meditación sea la excusa perfecta para hacer un alto y permitirnos salir de lo que llaman la carrera de la rata, esa en la que desde que te levantas con el sonido del despertador no paras ni un solo segundo de un solo minuto de una sola hora, y cuando llega la noche ni siquiera tienes bien claro a qué has dedicado tu día.

En este entorno de estímulos rápidos, en el que nuestro sistema nervioso se ve abocado a mantenerse a la defensiva casi de forma inevitable, la meditación puede ser todo un regalo como espacio de silencio e incluso un medio propicio para sostener conversaciones conscientes con nosotros mismos, para volver a conectar. Dejemos atrás esa idea de que meditar es dejar la mente en blanco. Nuestro cerebro tiene la misión de hacer justamente eso, pensar, no intentemos apagarlo. Como ya tuviste ocasión de leer en los primeros capítulos, los ejercicios de respiración son un complemento genial dentro de la meditación, pero aislados funcionan de la misma forma y aportan a nuestros exigentes días un poco de tranquilidad, de «comunicación» con nuestro cuerpo y con nuestro sistema nervioso autónomo para poder decirle «todo está bien, no hay nada que temer ni de lo que huir», y así aliviar considerablemente los efectos del estrés diario. Hoy recibimos más estímulos e información en un solo día que una persona del siglo XII en toda su vida. Nuestro cerebro, esa máquina perfecta que por lo general funciona con gran eficiencia, no está preparado para toda esta vorágine de estímulos día tras día. Cuando logramos estar en silencio y nos alejamos del ruido, el cerebro empieza a cambiar su forma de trabajar, lo que nos permite procesar más información y mejorar nuestra toma de decisiones e incluso fomentar la creatividad, algo que los últimos avances en neurociencia han demostrado sin lugar a dudas.

Pero ¿qué ocurre en nuestro organismo cuando padecemos estrés crónico? ¿Qué mecanismos se activan cuando estamos las veinticuatro horas del día en alerta?

Es en este punto donde entra en juego el sistema nervioso autónomo, uno de los principales mecanismos de regulación de nuestro cuerpo, y en cuanto logramos comprender su funcionamiento, podemos llegar a controlarlo y adaptarlo a nuestras propias necesidades. La clave se encuentra en la estrecha relación que existe entre el ritmo cardiaco y el sistema nervioso, ya que este regula su frecuencia, así como la presión arterial, la contracción de los músculos y la sangre que llega hasta ellos.

El sistema nervioso autónomo, como su nombre indica, funciona de forma involuntaria y no consciente, se adapta respondiendo al entorno por sí solo en función de los datos que recibe. Este sistema ordena a nuestro cuerpo que haga o deje de hacer determinadas cosas, todo sin que tengas que hacer absolutamente nada para que funcione. Otras funciones a su cargo son la dilatación de las pupilas, la micción e incluso las digestiones o la excitación sexual, en las cuales desempeña un importante papel. Todo ello gracias a que está dividido en dos ramas bien diferenciadas, cada una de las cuales se encarga de una serie de tareas específicas. Estas dos subcategorías reciben el nombre de rama simpática y rama parasimpática y, en condiciones normales, vamos alternándolas a lo largo del día.

La rama parasimpática está relacionada con nuestros estados de relajación y calma. También se la conoce como la rama del descanso y la digestión, y cuando nuestro organismo se encuentra en este estado, activa la reparación celular. Durante el modo parasimpático, la sangre intenta concentrarse en los órganos para que ciertas funciones como la digestión trabajen de forma eficiente cuando ingieres alimentos. Además, cuando nos encontramos en este modo, inconscientemente respiramos de forma más lenta y pausada. Piensa un momento en cómo respiras cuando duermes o has acabado de comer: tu respiración es más lenta y pesada. En definitiva, el sistema nervioso parasimpático es el responsable de que todo tu cuerpo se relaje y tu respiración se ralentice y entre en modo descanso.

La otra rama del sistema nervioso es la rama simpática, también conocida como el sistema de lucha o huida. A grandes rasgos, este modo se encarga de preparar nuestro cuerpo para la actividad física. Cuando llega el momento, la digestión se detiene, la sangre se moviliza hacia los músculos para aportarles fuerza y energía, aumenta la adrenalina en el torrente sanguíneo y, sobre todo, aumentan la frecuencia cardiaca y el ritmo de la respiración. Cuando practicamos deporte, o cuando nos sentimos en peligro, esta rama se pone en funcionamiento. Al comienzo de estas líneas he empleado términos como FOMO o síndrome de burnout y he afirmado que nos pasamos el día sobreestimulados por toda clase de pantallas, bombardeados de información y sometidos a autoexigencias. Debido justamente a todos estos condicionantes, inducimos a nuestra rama simpática, la que nos mantiene en alerta, a convertirse en la rama dominante, y por eso nuestro organismo está pendiente de mantenernos a salvo en todo momento llenándonos de cortisol (la hormona del estrés), manteniendo nuestro ritmo cardiaco alto y, cómo no, forzándonos a respirar de un modo que a menudo se acerca a la hiperventilación.

A pesar de lo que pueda parecer, las dos ramas del sistema nervioso son muy necesarias para mantenernos con vida y su funcionamiento es de lo más coherente, si tenemos en cuenta el mundo natural del que procedemos. Tanto la rama parasimpática como la simpática son los dos polos con que cuenta nuestro cuerpo para hallar el equilibrio. Esa es la clave: procurar que se establezca una relación armónica entre ambos, lo cual, tal como se vive hoy en día, no ocurre todo lo a menudo que sería deseable.

Te pido que recuerdes una escena de algún documental que hayas visto en la televisión. Un documental grabado en plena sabana africana que muestre un pequeño grupo de gacelas comiendo tranquilamente, relajadas. En ese momento predomina su sistema parasimpático, que origina las respuestas de descanso y digestión, transporta la sangre al estómago para que la comida sea bien digerida, activa los mecanismos que secretan la saliva (que también desempeña un importante papel en el proceso de digestión), ralentiza el ritmo cardiaco y, en definitiva, almacena energía y regula la digestión y la micción.

De repente, una leona aparece en el horizonte, mira fijamente a las gacelas mientras trata de seleccionar su próxima presa. Se acerca lentamente para no ser percibida, apura los últimos metros para tener más posibilidad de atraparla en cuanto salga a la carrera tras ella. La gacela, atenta, detecta la amenaza. El miedo a ser devorada activa en su organismo los mecanismos automáticos de supervivencia, y cambia instantáneamente al estado de alerta. La adrenalina comienza a correr por su torrente sanguíneo, los músculos se contraen, las pupilas se dilatan al máximo esforzándose en absorber más información del entorno, el ritmo cardiaco aumenta y los pulmones se expanden para facilitar la respiración, acelerándola hasta 12 veces más de lo normal, todo ello a fin de poder huir lo más rápido posible. Su vida depende de ello. Todos estos cambios los ha originado el sistema nervioso simpático, y así es como suele suceder también en nuestro organismo, que se adapta para enfrentarse a un peligro.

Esta red de nervios que recorren nuestro cuerpo no solo se activa cuando estás ante una amenaza, también lo hace cuando cree que lo estás, y esto es algo muy importante, porque en el presente la leona que nos perseguía en la sabana ha sido sustituida por interminables mensajes y correos electrónicos de trabajo sin leer, por atascos de tráfico que nos impiden llegar a tiempo a nuestro trabajo y por toneladas de pensamientos imaginarios sobre un futuro incierto cuyo catastrófico pronóstico casi nunca se cumple, pero que tu mente cataloga como «leonas» reales.

Si no percibimos ninguna amenaza ni la inminencia de algún suceso adverso, normalmente cada dos o tres horas nuestro sistema nervioso va pasando de una rama a otra autorregulándose. El problema es que hoy en día, con la vida agitada que solemos llevar, no dejamos que estos ciclos se cumplan y permanecemos demasiado tiempo en el modo de lucha o huida, lo que nos intoxica de cortisol y da pie a la aparición de graves problemas a medio y largo plazo, como estrés crónico, malas digestiones, trastornos cutáneos o insomnio. Una pregunta que suelen hacerme con bastante frecuencia las personas que contactan conmigo es por qué consiguen quedarse dormidos fácilmente y a las tres o a las cuatro de la madrugada se despiertan de repente, insomnes, y les resulta imposible volver a conciliar el sueño. De nuevo, la respuesta está en el sistema nervioso y en la hormona del cortisol. Esta hormona, en condiciones normales, se autorregula marcando picos altos cuando nuestro cuerpo lo necesita, como por las mañanas, sobre las siete o las ocho, y desciende poco antes de irnos a la cama para permitirnos conciliar el sueño. Es una hormona que debe regularse con los ciclos de sueño y vigilia. Debido al ritmo de vida actual —nos acostamos muy tarde y nos despertamos temprano de un salto al oír el despertador— y con el día a día tan ajetreado y estresante que solemos llevar, los niveles de cortisol están descompensados. Por eso, durante la noche suben más rápido de lo debido y llevan el sistema nervioso directamente a su rama simpática, como consecuencia, se interrumpe el ciclo de descanso antes de los previsto.

Tu cuerpo y tu cerebro saben que necesitas descansar, pero este último está en alerta y no te permitirá dormir hasta que sienta que el «peligro» ha pasado. Esta sensación de agobio y este estado de alarma se da en multitud de situaciones que sin duda te resultarán familiares. Una muy habitual es cuando nos enfrentamos a una prueba importante, un examen que llevas meses preparando y cuya materia estás seguro de dominar. Ocupas tu asiento, te entregan la prueba y respondes las primeras preguntas. En un momento dado, tus nervios empiezan a aumentar debido a que no puedes dejar de pensar que está en juego tu futuro, de que quizá no estés contestando bien todas las cuestiones, repasas una y otras vez las respuestas, se te acelera el pulso, tu temperatura corporal aumenta y empiezas a sudar a chorros, la sangre deja de fluir por el lóbulo cerebral frontal, que es el responsable del pensamiento lógico y el más importante justo en medio de un examen; entonces llega el momento tan temido, te bloqueas y tu mente se queda totalmente en blanco. Acaba de activarse el sistema nervioso simpático.

Además, como nuestro sistema nervioso simpático

se activa con mucha facilidad para ayudarnos en situaciones de amenaza, en cuestión de segundos llena el torrente sanguíneo de adrenalina y moviliza la sangre hacia los músculos, pero en cambio tarda varias horas en volver a relajarse y en pasar de nuevo al sistema nervioso parasimpático. Seguro que todos hemos podido experimentar alguna vez esa sensación, cuando un acontecimiento repentino nos pone en alerta en cuestión de milésimas de segundo (un perro que nos ladra de forma amenazante, el avión en el que viajamos sufre una turbulencia, nuestro hijo está a punto de caerse en el parque o vemos una escena terrorífica en el cine); sin embargo, nos demoramos bastante, en algunos casos incluso horas, en volver a la normalidad y sentirnos de nuevo en calma. Y es que la adrenalina y el cortisol tardan muy poco en aparecer, pero pueden llegar a permanecer en nuestro organismo días, incluso semanas si nos mantenemos en estos estados de estrés, alterando seriamente nuestra salud.

El dato más importante que debes retener tras la lectura de este capítulo es que la respiración es la llave para controlar el sistema nervioso. Cuando te agitas y te sientes en peligro, ya sea por una amenaza real o porque tu mente se imagina algún peligro, tu cuerpo reacciona para adaptarse, el corazón se acelera y empiezas a respirar más deprisa. Sin embargo, en momentos de tranquilidad, en ausencia de estrés, la respiración se ralentiza. La gran noticia es que este proceso también funciona a la inversa, y podemos utilizarlo en nuestro beneficio. Así como otros procesos corporales son incontrolables y totalmente automáticos, no es así en el caso de la respiración, porque podemos modificar conscientemente su ritmo y su cadencia. En consecuencia, al existir una conexión tan estrecha entre el sistema nervioso y la respiración, podemos respirar lentamente en momentos de agitación y estrés para obligar a nuestro organismo a calmarse, o, por el contrario, aplicar técnicas de respiración específicas para respirar más deprisa cuando necesitemos activarnos en un momento dado. Esto indica, por tanto, que la respiración es el control remoto más eficiente del sistema nervioso.

Respirar correctamente modifica de inmediato nuestra respuesta corporal y nos aporta enormes beneficios, pero si durante el día respiramos mal, aunque sea inconscientemente, con respiraciones bucales rápidas y superficiales a causa del estrés, o adoptamos posturas que limitan por sí mismas la capacidad pulmonar, también estamos influyendo en el sistema nervioso sin darnos cuenta, y las consecuencias ya las conoces, malas digestiones, dificultades para disfrutar de un sueño reparador y un estado de estrés crónico que termina por atraparte en un círculo vicioso: respiras mal porque tienes estrés, y tienes estrés porque respiras mal.

Por último, me gustaría resumir este apartado con la siguiente frase final: las respiraciones lentas y profundas hacen que nuestro sistema nervioso parasimpático se active para relajarnos, y las respiraciones rápidas estimulan el sistema nervioso simpático, el de la lucha o huida.

SISTEMA NERVIOSO	RESPUESTA	RESPIRACIÓN	CONSECUENCIA
Parasimpático	Descanso y digestión	Lenta y diafragmática	Relajación
Simpático	Lucha o huida	Rápida y torácica	Estimulación

Tu respiración tiene ciclos

Los seres humanos, así como numerosos animales terrestres, poseemos dos ojos para poder ver en tres dimensiones. Cada ojo ve la imagen desde un ángulo distinto, y luego el cerebro combina ambas imágenes para ofrecernos una visión tridimensional del entorno. También tenemos dos orejas, que nos permiten reconocer la procedencia de los sonidos y ubicar mejor la fuente que los genera. Pero ¿por qué tenemos dos orificios nasales? Eso es justamente lo que se preguntó Richard Kayser hace más cien años. En 1895 este médico alemán se propuso desentrañar el misterio.

Es cierto que ya existían referencias a este fenómeno en antiguos tratados de yoga, que describían la diferencia entre las energías de las dos fosas nasales. Los yoguis relacionaban la fosa nasal izquierda con la energía de la luna, una fuente fría de aire, mientras que el sol, con su cálida energía, regía la fosa nasal derecha. Esta es otra evidencia más de que, aunque contaban con limitaciones y conocimientos científicos propios de la época, la experimentación con el propio cuerpo y las sensaciones obtenidas al lograr un nivel de conexión tan elevado consigo mismos, permitía a estos maestros obtener conclusiones sorprendentes y en muchos casos muy aproximadas a lo que más tarde confirmaría la ciencia. Ahora verás por qué.

El primer estudio «moderno» que se conoce sobre este fenómeno es el del doctor Kayser. Él se percató de que el flujo de aire que salía o entraba por nuestros orificios de la nariz no era siempre el mismo, y que tampoco se comportaba siempre igual, sino que cada cierto tiempo el patrón iba variando de una fosa a otra. Estas variaciones acabarían conociéndose como ciclos nasales. La nariz tiene la capacidad de producir estos cambios gracias a un tejido eréctil, bastante parecido al tipo de tejidos que tenemos en la zona genital. Este tejido se hincha en una de las fosas nasales y bloquea gran parte del aire que puede entrar o salir, mientras que en la otra fosa nasal se encoge para permitir el flujo de forma más perceptible. Digamos que cuando una fosa nasal está trabajando a un 80 por ciento, la otra «descansa» reduciendo su actividad hasta en un 20 por ciento. Esta herramienta desempeña una serie de funciones importantes para el organismo, pues gracias a esta particularidad ninguna de las dos fosas nasales se seca en exceso, y así, la que está «trabajando menos» vuelve a recuperar la humedad y, cuando le llega el turno, humedece a su vez el aire que entra en los pulmones. Por lo demás, si solo tuviéramos una fosa, o si en algún momento una de ellas se taponara o se secase, tendríamos más problemas para respirar. Por otro lado, esta alternancia permite que los tejidos nasales se recuperen de forma correcta y no se vean sometidos a un sobreesfuerzo.

Numerosos estudios han destacado la gran importancia que esta alternancia de las fosas nasales reporta a nuestro organismo. Por ejemplo, ahora sabemos que durante el periodo en que está más activa la fosa nasal derecha, el consumo de oxígeno es algo mayor que cuando predomina la fosa izquierda. Estos ciclos también contribuyen a una adecuada regulación de la glucosa. Tras realizar varias pruebas, quedó demostrado que, cuando respiramos predominantemente por la fosa nasal derecha, aumenta la glucosa en sangre, mientras que cuando lo hacemos por la contraria, los niveles de glucosa bajan, lo que evidencia que una correcta variación de los ciclos nasales repercute directamente en el equilibrio de nuestro organismo.

Pero el estudio más interesante en cuanto a la actividad del sistema nervioso fue el que se llevó a cabo en 1994, cuando descubrieron, gracias a escáneres cerebrales, que cada fosa nasal está asociada a uno de los hemisferios cerebrales, y que el derecho es el dominante cuando la fosa izquierda está más despejada, mientras que, por el contrario, cuando la fosa derecha es la activa domina el hemisferio izquierdo, lo cual constituye una valiosa información a la hora de determinar en qué estado se encuentra nuestro cuerpo para poder practicar las distintas técnicas de respiración que examinaremos con más detalle en sucesivos capítulos.

Estos cambios de ciclos nasales que suceden de

forma natural cada dos o tres horas, están totalmente interrelacionados con el sistema nervioso, que también oscila de uno a otro cada cierto tiempo, un hecho que no es casual. La fosa nasal derecha está vinculada al hemisferio cerebral izquierdo, que se asocia con el sistema nervioso simpático —ya sabes, el de la fuerza y la actividad—. Y durante este periodo de dos a tres horas, sale más aire por esa fosa, mientras que la fosa izquierda se obstruye levemente y deja salir menos aire. Por el contrario, cuando nos encontramos en la rama del sistema parasimpático, el que nos ayuda a relajarnos y a dormir mejor, se activa nuestra fosa nasal izquierda, entra y sale más aire por ella, que se asocia al hemisferio cerebral derecho.

Como recordarás, nuestro sistema nervioso se divide en dos ramas, la simpática y la parasimpática, que tienen la capacidad de adaptarse en función de los diferentes estímulos que recibe del exterior. Lo habitual es que al levantarnos por la mañana nuestro sistema nervioso simpático empiece a actuar, puesto que tenemos los niveles de cortisol altos, ya que este ha ido subiendo durante la noche y ha de cumplir la misión de activarnos para empezar el día. Después de comer, la rama parasimpática comienza a dominar para llevar a cabo los procesos de digestión, y así ambos van alternándose a lo largo del día. Estos cambios son automáticos, y el objetivo es lograr un equilibrio total, tanto en el sistema nervioso como en el flujo de aire que sale por cada fosa nasal.

Estos cambios se producen cada dos o tres horas —es lo natural— con la finalidad de que nuestro cuerpo logre mantener una perfecta armonía, pero resulta difícil debido a esa vida tan exigente y rápida con la que muchas personas se sienten en parte representadas, una vida de prisas, siempre ocupados, corriendo desde que ponen un pie en el suelo por la mañana, encontrándose cada día con atascos de tráfico, metros abarrotados de personas, trabajos estresantes con decenas de tareas pendientes y donde comemos rápido para seguir trabajando sin descanso hasta que llega la noche. Nuestros días se han convertido en una lucha o huida hacia delante en la que el estrés ya lo damos por natural. En este escenario, no dejamos que el cuerpo tenga estos cambios de ciclo normales, no dejamos que pase de uno a otro de forma natural, y debido a este tipo de vida, además, siempre permanecemos con la rama del sistema nervioso simpático en alerta, con demasiada actividad física y mental y produciendo todos esos problemas derivados que ya hemos hablado.

De ahí la importancia de realizar pausas y ejercidos respiratorios varias veces al día para favorecer estos ciclos del organismo, y así evitarnos todos los perjuicios que se derivan de romper este equilibrio natural. Practicar ejercicios de respiración en determinados momentos del día puede marcar la diferencia a la hora de sentirnos mejor. Basta con hacer un alto y practicar al menos cinco minutos de respiración consciente. Con ello aprenderemos a desplazarnos de una rama del sistema nervioso a la otra con facilidad e incentivaremos unos cambios que deberían ser automáticos en un ambiente menos estresante para el organismo. Incluso hay ejercicios con los que tapando alternativamente las fosas nasales equilibraremos el sistema nervioso, pudiendo además solo tapar una para obligar al aire a entrar o salir solo por una e incidir sobre la respuesta nerviosa, como por ejemplo tapando la fosa nasal derecha durante varios minutos para potenciar la rama parasimpática y relajarnos.

Cuando lleguemos a la parte en la que te enseñaré diferentes técnicas de respiración sencillas para incorporar a tu día a día, también realizarás una prueba de ciclos nasales en la que comprobarás fácilmente qué fosa está predominando y, dependiendo de si estamos en modos simpático o parasimpático, podrás utilizar la técnica de respiración que mejor te convenga. Una prueba que será correcta siempre que no tengas ninguna obstrucción debido a la sinusitis, rinitis o que tengas el tabique desviado, ya que estas son algunas de las causas por las que el ciclo nasal se puede ver afectado. En este punto y sabiendo todo esto, intentar poner remedio a cualquier problema que puedas tener en la nariz o en las fosas nasales que te impida tener una correcta armonía entre el balance de la respiración es más que recomendable. Aunque en muchos casos no sientas grandes cambios o consecuencias importantes debido a la obstrucción nasal, sí que puede repercutir directamente en tu salud e incluso en tu estado de ánimo.

Estimula el nervio vago

No hace falta que pienses ni un solo segundo en respirar, en hacer latir tu corazón, en procurar que la sangre recorra cada rincón de tu cuerpo o en que tu estómago ponga en marcha los procesos de digestión de los alimentos, y sin embargo todas estas funciones se están produciendo ahora mismo sin dificultad alguna. Estas y muchísimas otras acciones, como parpadear, filtrar la sangre por medio de los riñones o dilatar las pupilas, ocurren en tu organismo sin requerir tu atención, y esto solo es posible gracias a nuestro sistema nervioso autónomo. De hecho, no habría modo de manejar conscientemente toda esta intrincada red de información que activa o frena estos procesos, por eso resulta tan importante y tan absolutamente prioritario que funcione a las mil maravillas.

De entre los doce pares de nervios que nacen en la base del cerebro para extenderse en distintas direcciones, hay uno que destaca tanto por su tamaño como por sus funciones. Se trata del nervio vago, que se encarga de gestionar la mayoría de las acciones que tienen que ver con la rama parasimpática del sistema nervioso. Su nombre deriva del latín y significa errante o vagabundo, en referencia a sus numerosas y extensas ramificaciones distribuidas por todo nuestro cuerpo. El nervio vago es una larga fibra nerviosa que nace en la base del cerebro y recorre el cuerpo hasta la parte inferior de la espalda. El tronco del nervio vago se divide en dos ramas que enlazan con todos los órganos de nuestro cuerpo. Sus ramificaciones terminan en diferentes lugares como los pulmones, el corazón, el estómago, el hígado, el páncreas, los riñones, la vejiga y todo un importante conjunto de órganos. El nervio vago no solo interviene en todas las funciones de los órganos que he citado, sino que además tiene un papel muy importante en la regulación de la presión arterial, la frecuencia cardiaca, la digestión, la excreción y la respuesta del sistema inmunológico. También está involucrado en la regulación de la temperatura corporal, el sueño y la respuesta sexual.

En cuanto a la regulación de la presión arterial, este nervio envía señales al corazón para que suba o baje el ritmo, así como al músculo liso de las paredes de los vasos sanguíneos, a fin de que estos se contraigan o se dilaten. De esta forma, regula la cantidad de sangre que circula por nuestro organismo y también su presión. Estos dos elementos son los que más nos interesan y en los que podemos incidir en cierta medida para que trabajen a nuestro favor. Una de sus múltiples ramificaciones pasa exactamente por el centro del diafragma, y este es otro de los motivos por los cuales las respiraciones diafragmáticas resultan tan importantes, y es que con el vaivén que hacemos al hinchar el abdomen llevándolo hacia fuera, para luego exhalar recogiéndolo, conseguimos crear un movimiento que ejerce presión sobre el nervio vago, en una suerte de masaje estimulante, y todos sabemos lo placentero y relajante que puede llegar a ser un masaje. Al respirar de esta forma activamos la respuesta de calma y relajación del nervio vago, estrechamente vinculado a la rama parasimpática. Con esta acción voluntaria aminoramos el ritmo cardiaco, hacemos descender la presión sanguínea y relajamos el organismo en general induciéndolo a un estado de relajación que difícilmente alcanzaría por sí solo.

También hay que mencionar que, debido a que el nervio vago nace aproximadamente detrás de la orejas y baja atravesando el cuello hacia el resto del cuerpo, las vibraciones que producimos en las cuerdas vocales cuando cantamos o emitimos determinados sonidos, como los célebres mantras empleados en muchas técnicas budistas y védicas, ejercen un efecto masaje en el nervio, tonificándolo y favoreciendo de este modo la tan ansiada relajación del cuerpo y de la mente. Si has escuchado o practicado cánticos mantras, puedes observar cómo solo con pronunciarlos se genera una intensa vibración, que se prolonga al repetir una y otra vez frases o palabras, difundiendo una profunda sensación de bienestar. Desde el punto de vista fisiológico, este sería el verdadero objeto de los mantras: masajear el nervio vago mediante vibraciones sonoras para activar la respuesta parasimpática. Si quieres, puedes hacer la prueba ahora mismo entonando algunos de los mantras más usados, como el conocido «Om» o el «Om Mani Padme Hum», y podrás comprobar cómo tus cuerdas vocales se sacuden y vibran.

Tener bien tonificado el nervio vago también nos aporta una mayor capacidad de respuesta a nuestro entorno y, sobre todo, contribuye a que nos resulte más fácil activar la rama parasimpática del sistema nervioso. Como estamos todo el día sobreestimulados con tanta actividad mental y física, y en modo alerta, realizar ejercicios de respiración, con inhalaciones y exhalaciones completas y diafragmáticas, es un excelente modo de adiestrar a nuestro sistema nervioso para que responda con mayor agilidad.

Además, ya sabes que una de las particularidades de nuestro sistema nervioso es que tarda muy poco en ponernos en modo alerta, y sin embargo puede tardar horas volver a un estado de calma.

Imagina que estás cruzando un paso de peatones tranquilamente en el centro de la ciudad, y un coche que no se había percatado de tu presencia se ve obligado a frenar bruscamente produciendo ese sonido tan particular que generan las ruedas al derrapar levemente sobre el asfalto. En cuanto ese sonido atraviesa tus oídos y llega a tu cerebro, tus ojos se clavan en el coche, y en cuestión de décimas de segundo se activa tu sistema nervioso simpático: acabas de entrar en estado de máxima alerta. Te inunda la adrenalina buscando una respuesta rápida y casi inconsciente, que suele traducirse en quedarte totalmente petrificado o dar un enorme salto solo apto para especialistas de cine. La sangre se amontona en los músculos y tu corazón late tan fuerte que parece que quiera salir por la boca. Es algo inmediato e incontrolable. Por suerte, el automóvil consigue frenar a tiempo, sales ileso y puedes seguir tu camino tranquilamente, pero tu cuerpo ya no está tranquilo, está lleno de adrenalina y de cortisol, muchos de los vasos sanguíneos se han contraído, razón por la cual en casos de gran tensión nos ponemos pálidos o totalmente colorados. La digestión se ha detenido, los ojos quieren salirse de las órbitas y a veces incluso hay personas que pierden el control de la vejiga y tienen pérdidas de orina. Todos estos procesos son indicativos de una gran ventaja evolutiva a la hora de reaccionar ante posibles amenazas y lograr sobrevivir. Lo que ocurre es que pasarán varias horas hasta que recobres un estado de completa tranquilidad y dejes de pensar en ese momento de tensión que sufriste. Volviendo al nervio vago y a la conveniencia de tonificarlo mediante ejercicios de respiración diafragmática, estos son un excelente recurso para acelerar la vuelta a la calma respirando lenta y profundamente. Cuanto más logres estimular el nervio vago y más tonificado se encuentre, más rápido conseguirás recuperar un estado de tranquilidad.

5

PROBLEMAS RESPIRATORIOS

Asma y sinusitis

Después de un largo día, subes los cuarenta y cuatro escalones que te separan de la puerta de tu casa situada en un segundo piso; normalmente no te supone un gran esfuerzo, pero las bolsas del supermercado que cargas lo dificultan algo más, lo que te hace jadear un poco. Justamente después de dejar las bolsas de comida sobre la mesa de la cocina, comienzas a notar un ligero silbido en la garganta al inhalar, señal de que se acerca otro de tus ataques de asma que creías controlados. Te apoyas en la puerta del comedor, y una tos muy molesta se apodera de ti. Intentas respirar profundamente, pero la presión en el pecho te obliga a respirar más rápido, ya que notas como el aire no termina de llenar tus pulmones. Incluso te ves en la obligación de sentarte en el suelo en una búsqueda desesperada por volver a calmar tu aliento. Tus vías respiratorias se han inflamado, los músculos que las rodean se contraen generando una respiración entrecortada, agravada, además, por una producción excesiva de mucosidad que evita aún más si cabe el paso del aire. Recuerdas que el inhalador de emergencia está en el cajón de la mesita de noche y corres a por él, lo introduces en la boca, un par de aspiraciones, y por fin el aire parece que vuelve a entrar y salir con menor dificultad.

Esta escena la padecen en mayor o menor medida unos 235 millones de personas según las estimaciones de la OMS (Organización Mundial de la Salud), una cifra nada desdeñable. La enfermedad del asma es una afección crónica de las vías respiratorias que hace que estas se estrechen dificultando la respiración. Si la padeces, sabes bien de lo que te hablo. El asma es una enfermedad que puede afectar a todas las edades, pero es más frecuente en niños menores de cinco años y en adolescentes, aunque los adultos, como te digo, no están exentos de riesgo, ya que pueden desarrollarla a edades avanzadas. Existen diferentes tipos de asma, pero la más común es la alérgica; por algo los informativos suelen alertarnos cuando se acerca el cambio de estación de invierno a primavera, aunque el asma también puede contraerse por la exposición a sustancias irritantes como el humo del tabaco o el polvo. El asma alérgica se declara cuando el sistema inmunológico de una persona reacciona exageradamente a una determinada sustancia, como el polen, los ácaros del polvo, los animales y algunos alimentos o medicinas.

Son bien conocidos los inhaladores que se emplean para mejorar los síntomas de esta enfermedad, un remedio que se ideó allá por los años cincuenta, aunque hace aproximadamente 3.500 años los antiguos egipcios ya utilizaban diversos tratamientos que se administraban mediante inhalación para aliviar los problemas respiratorios con más o menos fortuna. Resulta curioso que uno de los remedios que utilizaban justamente los egipcios fueran los vapores obtenidos de una planta llamada beleño negro (*Hyoscyamus niger*), que contiene hyosciamina, un principio activo de la buscapina. Estos medicamentos salvan miles de vidas todos los años por su acción dilatadora de las vías respiratorias. Son muy eficaces y fáciles de administrar, pero en caso de no tener a mano algún fármaco de estas características, las personas con trastornos de la respiración pueden optar por diversas técnicas respiratorias que aliviarán considerablemente sus síntomas en caso de padecer un ataque de asma intenso, siempre que tengan presente que no se trata de un tratamiento de curación en sí mismo.

Antes de comenzar a practicar las diferentes técnicas de respiración, conviene saber qué problemas respiratorios podemos estar padeciendo para saber cuáles podemos aplicar, o cómo adaptarlas en función del estado de nuestro organismo. Además, contar con una serie de pautas para mejorar tu respiración contribuirá a mitigar las molestias propias de tu dolencia. Pero, en cualquier caso, debes tener en cuenta que solo se trata de pautas o herramientas para ayudarte a ser más consciente de tus problemas respiratorios.

Las personas que padecen asma pueden llegar a tener una concentración de oxígeno en sangre menor de lo normal, que debería estar entre el 95 y el 99 por ciento de saturación. Esto ocurre porque el asma causa lesiones e irritación en el sistema respiratorio, volviéndolo menos eficiente para gestionar el intercambio de gases.

Además, la forma de respirar de los afectados por

esta enfermedad siempre suele ser en modo de hiperventilación que promueve una respiración torácica —llevan el aire hacia el pecho—, cuando lo conveniente, y aún más en estos casos, sería utilizar todo el rango de movimiento del diafragma y dirigir el aire hacia el abdomen. Como en otros muchos trastornos respiratorios, el problema más generalizado suele ser la sensación de falta de aire, por lo que la respiración en muchos casos pasa a ser bucal, de modo que en los pulmones entra aire sin filtrar, ni humedecer ni calentar, y ahí es cuando el cuerpo reacciona tosiendo y se hace más difícil respirar, entrando en un círculo vicioso de respiración incorrecta. Por eso, y más en estas condiciones, resulta muy recomendable practicar lavados nasales para tener siempre la nariz despejada, así como emplear espráis descongestionantes, sobre todo con el objeto de recuperar la respiración nasal, imprescindible para respirar correctamente.

Suele ser muy habitual que, en momentos de estrés o ansiedad, cuando la respiración se vuelve más rápida y entra más aire por la boca automáticamente, sea cuando se producen más episodios de asma. Respirar unas ocho o diez veces por minuto debería ser lo normal (incluso menos), pero si incrementas el número de veces, tu cuerpo liberará demasiado dióxido de carbono provocando un desequilibrio. ¿Y qué hace el organismo en estos casos? Reacciona tratando de restaurar el equilibrio. Para evitar a toda costa que sigas expulsando CO_2, cierra levemente las vías respiratorias, consciente de que en la mayoría de los casos dicha acción no entraña riesgos, salvo, claro está, que seas asmático. Teniendo esto en cuenta, aprender a realizar ejercicios en los que se vean implicados todos los músculos respiratorios —diafragma, músculos intercostales y clavículas—, practicando respiraciones lentas y profundas por la nariz con la finalidad de aumentar el nivel de CO_2 en sangre, te ayudará en esos momentos en los que necesitas sentir cómo tus pulmones se llenan facilitando que tus vías respiratorias se dilaten y permitan de nuevo la entrada de aire.

Pero no solo puedes hacer este tipo de ejercicios para estar mejor preparado cuando aparezcan los primeros síntomas de asma; el mero hecho de respirar solo por la nariz todos los días ya forma parte de esas medidas de prevención que puedes adoptar para evitarlo. Recuerda que cuando respiras por la nariz filtras el aire que está entrando, lo humedeces y, lo que es más importante en cuanto al asma, lo calientas. Estudios recientes han hallado una clara relación entre la entrada de aire seco y frío en los pulmones y un notable empeoramiento de los síntomas, lo cual demuestra que la respiración nasal desempeña un papel de vital importancia en la prevención del asma o al menos ayuda en gran medida a que no surjan tan frecuentemente sus síntomas. Lo que sí está claro, según la experiencia sobre esta enfermedad, que provoca que se estrechen las vías respiratorias, es que termina por producir una especie de asfixia, que obliga al que la padece a intentar respirar más rápido por necesidad, lo que a su vez produce un estrechamiento mayor si cabe de los conductos. Un círculo vicioso de mal patrón respiratorio en toda regla. En este caso, la evidencia cae por su propio peso, y reducir voluntariamente la frecuencia de respiración es una de las mejores armas que tenemos ante el asma, algo que además también concluyen varios estudios médicos del Hospital de Brismane en Australia. Según estos estudios, hasta un 70 por ciento de los síntomas del asma se podían reducir bajando la frecuencia de respiraciones por minuto, es decir, alargando las inhalaciones y exhalaciones y evitando siempre la hiperventilación.

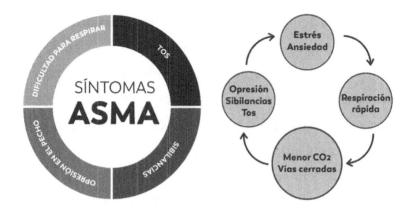

Otros problemas graves con que te puedes encontrar o que puedes padecer son los que se derivan de afecciones que se originan en las vías aéreas, la nariz o los senos paranasales. Lo que ocurre en todas estas zonas del sistema respiratorio es básicamente que se obstruyen, con lo que no funcionan de manera correcta e impiden el paso del aire.

La causa principal suele ser la sinusitis, una infección en los senos paranasales, unas cavidades alojadas en los huesos del cráneo que se van llenando y vaciando de aire a medida que respiramos. Todas estas cavidades tienen distintas funciones, pero una de las principales es generar mucosas. Precisamente cuando esta mucosa se ve afectada o se infecta, es cuando se produce la sinusitis.

Más tarde o más temprano, prácticamente todos hemos padecido o padeceremos algún tipo de sinusitis, en la mayoría de los casos cuando atravesamos procesos gripales y se nos bloquean los orificios de ventilación, de modo que no se airean ni se drenan. En la mayoría de los casos, al desaparecer la congestión y la gripe o catarro, los síntomas mejoran y acaban desapareciendo. Sin embargo, algunas veces la sinusitis se puede convertir en una dolencia crónica.

Tanto en un caso como en el otro, se trata de problemas que afectan a la correcta respiración nasal, por lo que te recomiendo que, en principio, apliques remedios caseros, como lavados nasales, y si tu caso reviste mayor gravedad, que acudas al médico. En última instancia lo que se persigue es tener la nariz despejada y en perfecto estado para poder respirar con normalidad y evitar la respiración bucal. Algo similar sucede con las personas que tienen el tabique nasal desviado, cuando el hueso y el cartílago que dividen los orificios nasales están torcidos y dificultan la respiración. Según estimaciones recientes, casi un 80 por ciento de la población presenta algún tipo de desalineación en esta zona, aunque por supuesto no todos repercuten en problemas graves.

Lo interesante ahora es saber cómo puedes modificar las técnicas de respiración si tienes este tipo de problemas y te cuesta respirar por la nariz. Ya sabes que respirar por la nariz tiene enormes ventajas, pero a veces resulta imposible. Eso sí, te aconsejo que, en la medida de lo posible, acudas a tu médico para que resuelva esa obstrucción de las vías respiratorias y puedas beneficiarte de la respiración nasal. Sin duda, en estos casos lo más fácil es respirar por la boca; no es la mejor opción, pero sí la única, así que en un principio no debes preocuparte en exceso, aunque es importante que busques un modo de resolver el problema en busca de una mejor salud. Ahora bien, si tu caso es más grave, entonces resulta de vital importancia ponerle remedio para poder respirar por la nariz en las mejores condiciones. Verse sometido a tener que respirar siempre por la boca va acompañado de estrés, cansancio crónico, dolor de cabeza, por no hablar de que en muchos casos el sueño se vuelve más ligero y en ocasiones provoca apnea del sueño, de la que hablaré a continuación. Puede que estés padeciendo alguno de los síntomas que acabo de describir porque llevas tiempo respirando por la boca más de lo debido. No me refiero a cuando practicas ejercicio durante unas horas, sino a verte en la necesidad de hacerlo las veinticuatro horas del día. En ese caso, mi conclusión es que tendrás que hacer todo cuanto esté en tu mano para volver a respirar por la nariz.

Apnea del sueño

Leyendo algunas noticias el Día Mundial del Sueño, hubo una que me sorprendió en demasía, entre los datos que arrojaba sobre los graves problemas que tenemos para dormir, uno destacaba por encima del resto. Un informe estimaba que en los últimos diez años la apnea del sueño había aumentado en un 45 por ciento y que, además, en general un 40 por ciento de la población mundial padece algún trastorno del sueño como pueden ser el insomnio, el síndrome de las piernas inquietas y, por supuesto, el que da nombre a este apartado, la apnea del sueño.

Uno de los grandes problemas de hoy en día es lo difícil que resulta conciliar el sueño, y aun en el caso de lograrlo, lo poco profundamente que dormimos, con lo cual no descansamos adecuadamente al no llegar a las fases importantes de este. Dormir es otro de los grandes pilares de nuestro bienestar, y de hecho deberíamos obligarnos a tener una buena salud del sueño, pero hasta que no pasamos por etapas de insomnio severo, apenas le damos importancia y cada día terminamos por robarnos a nosotros mismos unas preciadas horas de sueño reparador.

La apnea del sueño consiste en una obstrucción de las vías respiratorias mientras dormimos. Quien la padece conoce de sobra esa sensación, cuando en mitad de la noche, de forma repentina, el cuerpo pasa de estar en calma a notar que se queda sin aire, siente que se ahoga e interrumpe el sueño, despertándote inmediatamente, sobresaltado. Si te reconoces en un episodio similar, es posible que padezcas este trastorno del sueño. Durante este proceso, la respiración se detiene totalmente durante unos segundos, aunque a veces puede llegar a durar minutos, sin que entre una sola bocanada de aire en los pulmones. No todas las personas que roncan padecen apnea del sueño, pero es un trastorno que va muy unido y que afecta mayoritariamente a los hombres. Como ya habrás deducido, se produce cuando respiramos por la boca, generalmente por tener las vías respiratorias pequeñas, lo cual facilita que se obstruyan. La rinitis o la costumbre de pasar el día respirando por la boca sin darnos cuenta también provocan que la nariz ni siquiera haga el esfuerzo por mantener una respiración nasal cuando dormimos. En las horas de sueño es donde el organismo utiliza todos los medios a su alcance para mantenerte con vida y te obliga a realizar una respiración bucal si ve limitada su vía principal. Sabrás que tienes este problema si en cuanto te despiertas te notas la boca seca, te duele la cabeza o tienes la sensación de no haber descansado bien. Además, la falta de sueño prolongada te obliga a estar somnoliento todo el día, merma tu atención y tu agilidad mental, e incluso puede llegar a provocarte ansiedad y depresión. Al generar que tu propio cuerpo se mantenga en estado de alerta te obliga de nuevo a tener un mal patrón de respiración y volviendo cada noche a padecer el mismo problema.

La apnea del sueño se produce por diversos factores, algunos de los cuales, como tener las vías respiratorias pequeñas, ya los he comentado, pero también puede deberse a la obesidad o a tener las amígdalas inflamadas. Otro de los factores relacionados con la apnea del sueño es la postura que adoptamos al dormir. La postura ideal es dormir de lado, así la mandíbula no cae hacia el cuello por efecto de la gravedad, algo que sí ocurre cuando dormimos boca arriba.

Has de saber que no sirve de nada practicar ejercicios de respiración durante el día si luego te pasas seis, siete u ocho horas respirando por la boca mientras duermes, algo que se ha vuelto muy común precisamente por los malos hábitos respiratorios que hemos ido adoptando a lo largo de nuestra vida. Está claro que no puedo prescribirte ninguna respiración para cuando estás durmiendo, pero sí hay algunas recomendaciones que pueden ayudar.

Existen señales muy claras que indican que estás respirando por la boca mientras duermes: sequedad bucal al despertarte, ronquidos e incluso una mayor presencia de caries, como apunta un estudio de la Universidad de Otago, en Nueva Zelanda. Tras varias pruebas en las que unos voluntarios fueron forzados a respirar por la boca poniéndoles unas pinzas en la nariz, los investigadores descubrieron que el pH bucal de los sujetos sometidos al experimento se volvía más ácido que el de quienes respiraban por la nariz. Al cambiar los valores del pH, la mucosa de la boca se veía afectada, con lo que se propiciaba un ambiente más ácido y una mayor proliferación de bacterias.

¿Cómo evitarlo?

Te propongo varias ideas extraídas de investigaciones llevadas a cabo por expertos en trastornos del sueño. La primera y más fácil es bajar la frecuencia respiratoria en tu día a día; si notas que tienes tendencia a respirar muy rápido y de manera superficial, dedica unos minutos, varias veces al día, a practicar ejercicios que afiancen tu respiración consciente. Si procuras inhalar y exhalar siempre por la nariz, poco a poco irás reeducando tu forma de respirar. Al hacerlo, la mayoría de las veces notarás la nariz más despejada cuando te vayas a dormir, y ya no te verás obligado a abrir la boca para que entre más aire. Esta sería una forma básica de intentar mejorar, aunque muy a largo plazo, pues la reeducación consciente lleva su tiempo.

Practicar ejercicios de respiración consciente durante el día contribuye a que por la noche el cuerpo utilice menos la boca para respirar, ya que el cerebro está siendo educado para respirar siempre por la nariz.

También resulta recomendable practicar lavados nasales justo antes de irse a dormir para tener las vías respiratorias libres y despejadas. Otra opción a tener en cuenta para despejar las fosas nasales son los espráis nasales, así como los sueros fisiológicos o el agua de mar, todos ellos fáciles de adquirir. Otras herramientas para mejorar la apnea del sueño son las tiras nasales, que puedes conseguir en cualquier farmacia. Actúan como dilatador nasal abriendo de nuevo las vías respiratorias y permitiendo el paso del aire de forma más fluida.

Últimamente ha surgido una nueva alternativa consistente en pegarse en la boca una tira de cinta adhesiva o de esparadrapo antes de irse a dormir, a fin de evitar que permanezca abierta. No es más que un pequeño trozo de cinta, no demasiado grande, colocada de forma vertical en la boca. Puede parecer incómodo al principio, pero todo es cuestión de acostumbrarse, y ya verás como no tardas demasiado en poder prescindir de ella. La idea es evitar a toda costa que la boca se abra sin que puedas tener control sobre ella mientras duermes, como es evidente.

No hace falta decir que todas estas recomendaciones no curan la apnea, pero son pequeñas ayudas que podrían contribuir a mejorar o a mitigar los síntomas; como ya habrás notado, todas buscan que el aire fluya solo por la nariz.

Apnea del correo electrónico

¿Te has fijado que la respiración se ve alterada cuando estás respondiendo mensajes en el móvil o leyendo y redactando un correo? ¿Y que esa alteración te lleva a suspender literalmente la respiración durante varios e interminables segundos?

Pues este hecho sí lo advirtió Linda Stone, cuando, allá por el año 2008, esta escritora y tecnóloga observó que cuando empezaba a trabajar con el ordenador y abría el correo electrónico para revisar sus mensajes, inmediatamente se ponía a respirar de forma superficial, entrecortada, y, además, en algún momento, inconscientemente, aguantaba la respiración durante varios segundos, una reacción que asoció de inmediato a una leve sensación de estrés producida por la tarea en sí. Decidió prestar atención a esta conducta de la que nunca hasta entonces había sido consciente y se percató de que era algo que repetía día tras día, sin excepción. A veces incluso llegaba a pasarse hasta quince y treinta segundos sin respirar privando temporalmente al organismo de oxígeno.

Tras varios meses de investigación, estudiándose tanto a ella misma como a otras personas, describió aquel síntoma como una suspensión temporal de la respiración y le dio el nombre de apnea del correo electrónico o apnea de la pantalla, ya que este fenómeno se produce de forma inconsciente mientras estamos ante una pantalla, y es algo que nos ocurre al menos al 80 por ciento de las personas, según sus estimaciones. Luego de un tiempo realizando estudios sobre este hecho pudo comprobar que los niveles de estrés registrados al leer y contestar mensajes o correos eran muy similares a cuando nuestro cuerpo se siente amenazado, y en cuanto el organismo percibe un leve indicio de ansiedad, altera la respiración. Llegados a este punto, ya conoces de sobra cómo respiramos en momentos de estrés: de forma superficial, rápida, entrecortada... pero en el caso de la apnea del correo electrónico dejamos de respirar directamente. Así pues, este tipo de apnea ha pasado a ser en otro de los males de nuestro tiempo asociados a la tecnología.

Pero ¿hasta qué punto resulta preocupante?

Según estudios recientes sobre el tema, cuando el equilibrio entre el oxígeno, el dióxido de carbono y el óxido nítrico se ve comprometido, también se altera la bioquímica de nuestro organismo, y ello afecta a nuestro sistema inmune. Básicamente nos deja más indefensos ante bacterias o posibles infecciones a las que tengamos que enfrentarnos. Y no solo eso, el equilibrio en el sistema nervioso es primordial para un correcto funcionamiento de todas nuestras capacidades asociadas a este, y todos esos desajustes no le hacen ningún bien, que digamos.

Estas interrupciones no voluntarias de la respiración (muy parecidas a las de la apnea del sueño) envían señales a nuestro cerebro, lo ponen en alerta y, como ya hemos visto, este activa el sistema nervioso simpático, con lo que el cuerpo se pone en tensión. En consecuencia, el principal problema de respirar de esta forma es que el cuerpo comienza a sufrir estrés, y no solo en un momento puntual. ¿Cuántas horas dedicas a mirar algún tipo de pantalla? Seguramente bastantes, y durante todas esas horas estás alterando la respiración y provocando esos picos de estrés que nuestro cuerpo tanto «odia» prolongar. Estamos, pues, ante otro fenómeno generador de desequilibrio, en este caso al hacer trabajar en exceso el sistema nervioso.

De nuevo, la respiración, del mismo modo que envía señales de alerta al cerebro cuando respiramos de forma rápida y superficial, también se convierte en nuestra aliada a la hora de conseguir el efecto contrario, ya que cuando respiramos más lenta y profundamente estamos enviando señales para contrarrestar el efecto anterior, y así logramos bajar el ritmo cardiaco y regular el organismo. La solución que propone la escritora Linda Stone es utilizar esta herramienta que siempre tenemos a nuestro alcance. Cuando estemos trabajando ante una pantalla, o con la vista fija en el móvil, deberemos ser conscientes de nuestra respiración y activar el sistema nervioso parasimpático, el de la calma y la relajación, de forma voluntaria. Es como si habláramos directamente con nuestro organismo y le dijéramos: «Tranquilo, todo está bien, no hay nada que temer».

El primer paso que puedes dar para saber si estás dentro de ese 80 por ciento de la población que sufre apnea del correo electrónico no es otro que prestar atención a la forma en que respiras en cuanto te sientes a trabajar o cuando lleves varios minutos frente a la pantalla. Entonces sabrás al instante si estabas aguantándote la respiración e incurriendo en esas pequeñas apenas involuntarias. Si te hallas dentro de este porcentaje, solo tienes que respirar de forma más profunda y consciente durante unos minutos o, aún mejor, el mayor tiempo que te sea posible, antes de que sin darte cuenta vuelvas a dejar de prestar atención a cómo respiras. Lo más probable es que cuando lleves un rato respirado más lento, enviando el aire hasta tu abdomen y concentrándote en tus inhalaciones y exhalaciones, sin ser consciente de ello, vuelvas a olvidarte y empieces respirar poco y mal. Te recomiendo que establezcas paradas de al menos cinco minutos cada hora entre tarea y tarea para volver a respirar conscientemente y así impedir que los niveles de estrés se eleven. Si logras hacer que remitan, aunque sea un poco, los efectos perjudiciales de la apnea del correo electrónico te aseguro que estarás haciéndoles un gran bien tanto a tu salud como a tu productividad.

6

¿QUÉ TAL RESPIRAS?

Prueba del ciclo nasal

Si hay algo que me parece extremadamente interesante es la gran cantidad de secretos que guarda nuestro cuerpo, secretos ocultos a simple vista, y que, gracias a los avances de la ciencia, cada vez más volcados en arrojar luz sobre dichos misterios, hemos podido empezar a conocer sobre todo en los últimos cien años. Uno de estos secretos que me gustaría desvelarte ya fue descubierto hace más de un siglo, pero a pesar de ello es algo que solemos desconocer por completo. Antes de contártelo, permíteme que ponga en contexto la evolución de nuestro sistema respiratorio para otorgarle la importancia que merece.

Como organismos que somos, cada parte de nuestro cuerpo ha ido cambiando y adaptándose a las exigencias del entorno, como un complejo mecanismo de transformación que ha conseguido situar a la especie humana en el lugar que ocupa actualmente. La evolución nos ha dotado de un cuerpo que se adapta a los cambios y que nos hace más productivos y competitivos que nuestros ancestros con cada nueva generación.

La evolución nos ha dado un cerebro más grande, más potente, con una corteza prefrontal más desarrollada que nos permite pensar racionalmente y llevar a cabo acciones y pensamientos complejos. Nos ha dotado de unas extremidades más funcionales que las del resto de los animales, con las que podemos fabricar herramientas o crear espectaculares obras de arte. Nos ha provisto de oídos con una alta sensibilidad para poder escuchar un rango amplio de frecuencias y poder comunicarnos entre nosotros, y un sentido de la visión capaz de detectar miles de colores y de poder enfocar objetos cercanos o lejanos en apenas un tercio de segundo.

El registro fósil de los homínidos a lo largo de millones de años de evolución nos muestra cómo poco a poco los diferentes grupos de homínidos desarrollaron los caracteres que los diferenciaban de los grandes simios dando lugar a otros nuevos, con nuevas características. Muchos de estos cambios suelen ser muy conocidos y aparecen en numerosos libros y publicaciones, como puede ser el caminar erguidos sobre las dos piernas, la capacidad del habla o el desarrollo de los pulgares oponibles que nos permiten agarrar objetos con suma facilidad. Pero a menudo se obvian algunas de las transformaciones más importantes que sufrió la especie humana, y que en este caso supusieron un verdadero desafío para todas las estructuras del aparato respiratorio, sobre todo en el momento de adaptarse a una nueva forma de desplazarse, erguidos únicamente sobre las extremidades inferiores. Sobra decir que todas estas «mutaciones» se dieron a lo largo de miles de años y que la evolución nunca es lineal, sino que sigue un proceso más bien ramificado, además no siempre cumpliendo el estándar de avance.

La aparición de una lengua larga y flexible, de una caja torácica algo más pequeña y de un aparato respiratorio fuerte y compacto permitió una mejor inserción de los músculos respiratorios a medida que entre nuestros antepasados fue imponiéndose la tendencia a caminar sobre dos patas. También se produjo un cambio en la forma y el comportamiento funcional de los músculos abdominales. Los primeros homínidos que adoptaron la postura erecta y un mejor soporte de la cabeza tuvieron que desarrollar una musculatura abdominal más potente, más horizontal y más ancha. El tórax se encogió ligeramente, las vértebras se acomodaron a la nueva estructura y los músculos fueron adaptándose cada vez mejor a esta nueva forma de caminar

Por otro lado, los cambios que posibilitaron una mejor fonación (la capacidad de emitir sonidos inteligibles para comunicarnos de forma oral) obligaron a la lengua a bajar hacia la parte trasera de la boca, que es una de las características morfológicas propiciadoras de la apnea del sueño. Como ya comenté al principio del libro, evolución no siempre significa mejora.

Pero ¿qué ocurría en los niveles superiores? ¿Nuestras fosas nasales también han sufrido cambios similares? La respuesta es que sí. Aparte de haber adoptado una dieta basada en comida cada vez más blanda durante los últimos siglos y de adaptarnos a una respiración cada vez más bucal para favorecer el habla, la evolución del sistema respiratorio superior ha repercutido en el tamaño de nuestra mandíbula, que ha crecido en sentido vertical en lugar de horizontalmente, lo que ha estrechado nuestras fosas nasales.

Uno de esos secretos a los que me refería anteriormente, descubierto en Europa hace más de cien años, son los ciclos nasales. El médico alemán Richard Kayser los describió por primera vez en 1895, y aunque hoy en día sigue habiendo un desconocimiento general sobre el tema, en algunos antiguos tratados de yoga ya se menciona este fenómeno.

El ciclo nasal consiste en una variación del flujo de aire que expulsa cada una de las dos fosas nasales, que a su vez están muy implicadas en la actividad del sistema nervioso autónomo. Estas variaciones son prácticamente imperceptibles si no prestas la suficiente atención, pero durante cada ciclo nasal, por un orificio de la nariz expulsas aproximadamente un 80 por ciento de aire y por el otro, el 20 por ciento restante. Esto ocurre debido a que tus cornetes nasales se congestionan y descongestionan de forma natural. Estos cambios pueden percibirse cada dos o tres horas, ya que la zona en cuestión está revestida por una especie de tejido eréctil que se llena o vacía de sangre, hinchándose y taponando las distintas partes. Digamos que mientras una fosa nasal está más activa, la otra «descansa» para poder recuperarse y volver a humedecerse, cumpliendo así una de las funciones más importantes al respirar por la nariz, que es, además de calentar el aire y filtrarlo, mantenerlo debidamente humedecido.

Tenemos dos ojos para conseguir ver los objetos y formas en un espacio tridimensional, también poseemos dos orejas para poder identificar la procedencia de los sonidos que hay a nuestro alrededor, y quizá alguna vez te has peguntado por qué tenemos dos orificios nasales. Pues ahora ya sabes que cumplen un importante papel en la función de los ciclos nasales para el control y equilibrio de nuestro sistema respiratorio.

Esta singularidad de las fosas nasales funciona de la misma forma en casi todas las personas, pero a veces puede fallar debido a problemas fisiológicos, como un tabique nasal desviado, o por un proceso inflamatorio de la mucosa nasal como la rinitis, por ejemplo. En ambos casos se trata de problemas respiratorios que nos impiden distinguir con claridad la salida natural del aire.

Es interesante aprender a distinguir con facilidad qué lado de nuestra nariz está más activo, pues estos cambios de ciclos nasales están estrechamente relacionados con cada una de las dos ramas del sistema nervioso autónomo.

Nuestro cerebro está configurado al revés: el hemisferio derecho controla la parte izquierda del cuerpo, mientras que el hemisferio izquierdo controla la parte derecha. Y en las fosas nasales también se da una inversión del lado que controla cada una. La fosa nasal derecha está asociada al hemisferio cerebral izquierdo, encargado de activar la rama del sistema nervioso simpático, conocido también como estado de lucha o huida, que sería el que se activa para llenarnos de energía, por ejemplo, cuando hacemos ejercicio.

Por su parte, la fosa nasal izquierda está asociada al hemisferio cerebral derecho, que controla la rama parasimpática del sistema nervioso, el de la relajación y las buenas digestiones. Recuerda que estos ciclos van variando cada dos o tres horas, por lo que saber identificarlos proporciona un gran control sobre tu sistema nervioso, ya que así puedes detectar si estás en un momento de demasiada actividad o estrés y necesitas realizar un ejercicio de respiración para relajarte. Si, por el contrario, sientes más flujo de aire en el lado izquierdo de la nariz, seguramente estés falto de energía antes de salir a correr y sería recomendable que realizaras un ejercicio de respiración estimulante o de hiperventilación para que el cuerpo se ponga en alerta y se caliente. Básicamente se trata de aprovechar las señales de nuestro cuerpo para utilizar la respiración a nuestro favor según nos convenga.

También debes tener en cuenta que los mejores momentos para realizar la prueba de ciclo nasal son por la mañana nada más levantarte, después de comer, antes de realizar ejercicio y antes de dormir. Durante estos intervalos el flujo de aire de cada orificio suele ser más perceptible y definido. Cuando nos despertarnos, los niveles de cortisol, que han ido aumentando durante la noche, están en su punto álgido, lo cual es un síntoma claro de que predomina la rama simpática del sistema nervioso.

El sistema nervioso parasimpático, el relacionado con la relajación, es el encargado de dilatar los vasos sanguíneos, de llevar la sangre a los órganos, de la reparación celular y de procurarnos buenas digestiones. Precisamente por esto último, un tiempo después de comer podemos notar como un mayor porcentaje de aire pasa a circular por la fosa nasal izquierda. También es habitual que notemos algo de sueño en este estado, por eso si hacemos el test antes de irnos a dormir, obtendremos una señal más clara de la rama dominante.

En resumen, cuando estamos activos, estresados o practicamos deporte, notaremos más flujo de aire en la fosa nasal derecha, y cuando estamos relajados o somnolientos, el aire será más perceptible en la fosa nasal izquierda.

Hagamos la prueba.

Coloca el dedo índice justo debajo de la nariz, como si estuvieras simulando un bigote, y exhala fuerte tres veces. ¿Por qué lado notas más aire?, ¿por el derecho? ¿por el izquierdo? Si haciéndolo de esta forma te cuesta identificarlo, puedes probar de esta otra manera. Sitúa los dos pulgares debajo de la nariz, cada uno a un lado, y de nuevo suelta el aire con fuerza sobre los dedos tres veces. ¿Mejor de esta forma?

Puede que sientas el mismo flujo de aire en las dos fosas. Si es así, no te preocupes, simplemente indica que estás en medio de un cambio de ciclo, pues hay que tener en cuenta que estos no son inmediatos. Por eso, hacer esta comprobación en los momentos anteriormente indicados suele dar resultados más tangibles.

Esta prueba es una buena forma de saber en qué momento se encuentra tu cuerpo, si está en un momento del día más activo, incluso de alerta y con el torrente inundado de cortisol (un hecho que no siempre tiene por qué ser malo), o si, por el contrario, el sistema nervioso está priorizando los procesos asociados a la rama parasimpática. Una vez más, lo interesante es que, gracias a los ejercicios de respiración, que tanto influyen en tu sistema nervioso, puedes inducirlo a cambiar según te convenga. Si sientes mucha agitación o tensión, puedes respirar conscientemente a un ritmo más lento, induciendo al sistema nervioso a cambiar a la rama parasimpática. Y lo mismo ocurre al contrario: si te notas cansado y bajo de energía, pero necesitas un poco de activación extra, puedes respirar rápido para que el sistema nervioso cambie a la rama simpática.

Recuerda que nuestro estado de ánimo está conectado con nuestra respiración, por lo que, si cambiamos el ritmo y la frecuencia con los que respiramos también podemos modificar dicho estado.

Un último apunte a tener en cuenta. Si no padeces ningún problema en las fosas nasales ni en la nariz y al realizar el test de ciclos nasales varias veces al día siempre detectas más flujo de aire en el lado derecho, eso puede ser un claro indicativo de que siempre estás en modo lucha o huida, con tu cuerpo en permanente alerta e intoxicado de cortisol, que, como seguramente recordarás, es la hormona del estrés. Si ese es tu caso, entonces aún resulta más imperativo realizar ejercicios de respiración encaminados a bajar el ritmo cardiaco, reducir la presión sanguínea y, en definitiva, a que te relajes para que el organismo pueda realizar tareas de reparación celular o incluso puedas dormir más fácil y también más profundamente.

Prueba de retención en vacío

La teoría, los casos de alumnos o las historias personales son muy útiles e ilustrativos para ayudarte a establecer una base sólida sobre la importancia de prestar atención y ser consciente de la forma en que respiras, pero no hay mejor manera de integrar las técnicas de respiración en tu vida que practicándolas, y eso es lo que haremos en este apartado.

La retención en vacío no es una técnica de respiración en sí, pero en la actualidad se ha convertido en una de las pruebas de respiración más populares. Como bien dice el título, es una prueba o test, y su objetivo es medir y evaluar en qué estado nos encontramos.

Es importante medir y examinar nuestra respiración para tener una perspectiva clara de nuestros avances, y es que, si algo es susceptible de ser mesurado y cuantificado, eso quiere decir que puede ser mejorado, y ahí es donde entran en juego las pruebas de respiración.

La finalidad de estas pruebas es poder medir en qué estado te encuentras en estos momentos y poder ver de forma tangible si has mejorado cuando ya lleves algunas semanas respirando de manera consciente y realizando cada día los ejercicios respiratorios que aquí te enseño. Es un test bastante sencillo y no requiere mucho esfuerzo.

En este caso solo se trata de una prueba para compararse con uno mismo, cada persona obtendrá resultados distintos, no se trata de ganar ni de competir contra nadie, pues cada cual tienes sus propias peculiaridades y, en consecuencia, los resultados serán diferentes. ¿Cómo se hace la retención en vacío? Posiblemente su nombre ya te habrá proporcionado una pista bastante clara del procedimiento. Se trata de extraer todo el aire de los pulmones con una exhalación y medir cuánto tiempo puedes aguantar sin volver a coger aire.

Debes probar a hacerlo cuando estés en un momento tranquilo, nunca después de hacer ejercicio o en situaciones de estrés. Procura que no haya nada que te distraiga para poder medir exactamente tu capacidad de resistencia sin aire en los pulmones, lo cual también será un dato que tener en cuenta en relación con tu tolerancia al dióxido de carbono, que como ya sabes aumenta dentro de nuestro organismo cuando la respiración es lenta o sostenida. La idea es que primero respires de forma normal y relajada, y tras la última exhalación, con los pulmones vacíos, midas el tiempo que tardas hasta sentir el primer impulso respiratorio. No intentes forzarlo ni aguantar más de la cuenta: en cuanto notes que el diafragma intenta activarse, al sentir ese primer o segundo impulso, deja de cronometrar. Te recomiendo que utilices un cronómetro, ya sea el del reloj o el del móvil. Esta prueba de retención en vacío es muy sencilla, por lo que puede realizarla cualquier persona.

Vamos allá.

1. Respira profundamente y llena los pulmones inspirando a través de la nariz.

2. Exhala también por la nariz hasta haber expulsado todo el aire y contén la respiración. Justo en ese momento, activa el cronómetro.

3. Cuando sientas un poco de «hambre de oxígeno», es decir, una sensación de incomodidad producida por los primeros espasmos del diafragma, detén el crono y vuelve a inhalar con naturalidad.

¿Qué tal te ha ido?

Una vez que hayas realizado la prueba puedes anotar el tiempo que has conseguido aguantar —no tienes que alcanzar un tiempo mínimo determinado, sea cual sea— y dejarlo registrado para utilizarlo como referencia. Con la práctica, lo interesante es que conforme vayas adquiriendo el hábito de respirar más conscientemente, de forma más pausada y profunda, aprendiendo y realizando los ejercicios de respiración de las próximas páginas, y una que vez hayas entendido cómo funciona la respiración, realices este test de nuevo comparando los resultados de la prueba de retención en vacío que acabas de hacer con una prueba futura, y así comprobar si estás avanzando y mejorando en tu capacidad de tolerar mejor el CO_2, que es un claro indicativo de que estás cambiando tu patrón respiratorio a uno más adecuado en tu día a día. Además, también es un buen síntoma de que ha mejorado tu condición física, lo cual se verá directamente reflejado a la hora de practicar deporte.

Como te explicaba antes, lo que sientes cuando el cuerpo te obliga a respirar se debe a que los niveles de dióxido de carbono han aumentado, el organismo nota ese desequilibrio y te fuerza a compensarlo. Si, por el contrario, respirases a un ritmo rápido, como con las respiraciones de hiperventilación, destinadas a reactivarte, entonces estarías expulsando todo el dióxido de carbono del cuerpo, lo cual te permitiría resistir más tiempo con los pulmones en vacío.

Es posible que en ocasiones me repita y vuelva a contarte lo mismo de formas diferentes, pero mi intención es que todos estos conceptos —que muy probablemente sean nuevos para ti— queden lo más claros posible y que llegues a ser capaz de utilizar la respiración como si fuera el mecanismo de control remoto que activa tu cuerpo casi sin pensarlo.

Otra prueba que puedes realizar es la de tu capacidad pulmonar, es decir, la cantidad de aire que puedes inhalar. Me explico: has de hacer una inhalación completa, llenando todo lo que puedas tus pulmones, y después ir sacando el aire poco a poco. Mientras lo sueltas, ve contando en voz baja, pero que resulte audible, 1, 2, 3, 4, 5, 6... y así hasta que te quedes sin aire.

De nuevo, es conveniente que anotes el resultado del número al que has llegado, para compararlo cuando lleves al menos un par de semanas practicando los ejercicios de respiración, aunque si te permites aún más tiempo, ya verás lo mucho que has mejorado al cabo de un mes o dos. Esta es una prueba interesante, porque así podrás hacerte una idea aproximada de cuán saludable es tu respiración en este momento, y poco a poco irás comprobando cómo mejoras y llevas tu propio control de tus progresos.

Lo importante de estas pruebas, junto con la anterior de los ciclos nasales, es que todo lo que se puede medir no solo es susceptible de ser mejorado, sino que además te proporciona herramientas tangibles con las que poder visualizar «de verdad» los resultados de tus progresos. Realiza estas pruebas —la de los ciclos nasales, retención en vacío y capacidad pulmonar— y anota los resultados. Sin duda, ser consciente de tus mejoras a medida que aumentan tus conocimientos sobre la respiración también es una excelente forma de motivarte.

7

TÉCNICAS DE RESPIRACIÓN

Enfoque de la práctica

En este mundo tan ajetreado donde el tiempo siempre apremia, darle espacio a la respiración puede ser una tarea titánica. Los humanos hemos creado una forma de vivir que nos mantiene ocupados a todas horas y, cada vez que deseamos tomarnos un más que necesario respiro, nos encontramos con una barrera difícil de superar. Exhaustos, nos detenemos en silencio intentando crear un espacio seguro de relajación, y antes de que haya transcurrido el primer minuto, nos asalta una sensación casi claustrofóbica de pérdida de tiempo. El tiempo es oro, de eso nos han convencido, debemos aprovechar cada segundo por muy exhaustos que estemos. El tiempo es algo que también se puede utilizar para generar momentos de calma, de silencio y, sobre todo, sin sentirnos mal por ello, al fin y al cabo, la música no sería lo mismo si no existiera el silencio entre las notas.

Según un estudio de la Organización Mundial de la Salud, el estrés es la enfermedad del siglo XXI. Y no es para menos, con el ritmo de vida tan acelerado que llevamos, entre el trabajo, las tareas del hogar, los hijos, el ocio, los amigos y nuestro autocuidado, apenas nos queda tiempo para descansar. A ello cabe sumar la ansiedad que muchas veces nos produce no poder llevar a cabo todas las tareas que nos hemos propuesto, o el miedo a no estar a la altura de las expectativas que nos hemos creado nosotros mismos. Todo esto se traduce en una mala calidad del sueño, que a su vez afecta a nuestra energía y rendimiento durante el día. Y por no hablar de las defensas bajas, la presión arterial alta, depresión, pérdida de memoria, urticaria y un largo etcétera. Casi todos estos síntomas se deben a que nuestro organismo permanece demasiado tiempo saturado de la célebre hormona que ya he mencionado varias veces, el cortisol, que se activa en cuanto el cerebro detecta una amenaza.

Actualmente la falta de tiempo es una de las principales causas de estrés, ansiedad e insomnio. Vivimos en un mundo exigente que nos obliga a estar disponibles 24/7. Siempre debemos mantenernos activos y conectados, ya que se espera que rindamos al máximo en todas las áreas de nuestra vida. Esto nos deja poco tiempo para el descanso, la relajación y la recreación, lo que a su vez aumenta el estrés y la ansiedad, y así es como se cierra esta paradoja circular.

Si hablo sobre la importancia del tiempo, de que perderlo es tan importante como aprovecharlo, es para estar seguro de que entiendes que las técnicas de respiración, como cualquier otra práctica, requieren su tiempo y su espacio. Y que, si realmente deseas introducirlas en tu vida, debes regalarte esos momentos. Por lo general, el problema de la falta de tiempo suele ser una cuestión de prioridades. Por eso te propongo que tomes conciencia leyendo este libro y que regales y que le des, aunque sea un poco, prioridad a algo tan importante como respirar. Por mi parte, me comprometo a darte a conocer y a enseñarte las técnicas de forma fácil teniendo en cuenta que la mejor manera de integrarlas es a través de un enfoque muy claro de cómo y cuándo practicarlas para que se conviertan en tu mejor herramienta de bienestar.

Existen decenas de técnicas, múltiples metodologías didácticas para explicarlas, algunas de ellas muy llamativas visualmente, y también enfoques más o menos espirituales. El fin de todas las prácticas de respiración es mejorar nuestro bienestar a través del control y el conocimiento de la misma, pero según mi experiencia, si no se enseñan partiendo de un planteamiento claro y desde la óptica de sus beneficios reales, es fácil crear confusión entre quienes se acercan por primera vez a esta herramienta. Y eso acaba creando una sensación de frustración, o cuando menos de falta de rumbo.

¿Cuál es la mejor técnica?, ¿es mejor practicar por la mañana o por la noche?, y si tengo insomnio, ¿cómo debo respirar y cuál es el ritmo más adecuado?, ¿cómo puedo respirar con el diafragma? Las preguntas y dudas se acumulan cuando la información es tan variada, con múltiples perspectivas diferentes y sin una guía clara, y aunque no exista una respuesta exacta para todos los casos, sí que se pueden estructurar y tipificar las diferentes respiraciones para enseñarlas de forma que cualquier persona pueda no solo entenderlas, sino también integrarlas con el propósito de que se conviertan en un saludable hábito más de nuestro día a día.

Hay diferentes tipos de respiraciones sencillas que pueden ayudarnos, por ejemplo, a equilibrar el sistema nervioso, a superar los momentos de ansiedad o insomnio, o incluso a hacer entrar en calor nuestro cuerpo, del mismo modo que cuando te tomas una taza de café y tu cuerpo experimenta una sobreestimulación que incluso te hace aumentar la temperatura. Por supuesto, no todas las respiraciones son iguales, y en función de lo que necesitemos, deberemos inclinarnos por un tipo u otro. Si estamos preparando un examen y nos notamos demasiado nerviosos, tendremos que aplicar una modalidad de respiración concreta para controlar la tensión acumulada. Si necesitamos relajar nuestro cuerpo antes de irnos a dormir, la respiración que adoptaremos será una respiración que saque provecho de las propiedades vasodilatadoras del dióxido de carbono.

Agruparemos las distintas modalidades de respiración en tres categorías: respiraciones tipo agua, tipo whisky y tipo café. En breve comprenderás el porqué de cada categoría representada por un tipo de bebida y cómo usar cada una de ellas.

Mi cometido es aportarte todos los conocimientos que necesites, arrojar luz sobre cualquier duda que pueda surgirte y asegurarme de que aprendas de verdad qué respiración aplicar en cada momento del día o de tu estado de ánimo. Cuando respiramos más lenta o más rápidamente estamos provocando una respuesta al estrés, a un estado de ánimo o a unos determinados niveles de energía. Mi objetivo es proporcionarte una herramienta que puedas utilizar en cualquier momento para obtener un mayor bienestar. Como con cualquier otra cosa que vayamos a aprender desde cero, a veces nos llevará un poco de tiempo acostumbrarnos a lo que estamos haciendo. Pero ya verás —sobre todo después de aprender a utilizar el test de los ciclos nasales— lo fácil que puede llegar a ser escuchar lo que te está diciendo el cuerpo y responder con la técnica adecuada.

Imagina esta situación: once y media de la noche, estás a punto de dormir, y tras una larga y agotadora jornada, tu organismo necesita descansar y repararse durante la noche. Es en ese momento cuando tu sistema nervioso autónomo empieza a cambiar algunos procesos para que puedas descansar, comienza a activarse la rama parasimpática del sistema nervioso, algo que también suele ocurrir después de comer: cuando suele entrarte algo de sueño, justo al terminar, es porque tu sistema nervioso ha activado una repuesta natural. Pero si estos procesos se ven afectados, gracias a la modificación consciente del ritmo respiratorio, puedes alcanzar ese punto óptimo de relajación y conciliar el sueño fácilmente.

Piensa ahora en este otro caso: se hace de día y te levantas por la mañana con el sonido del despertador, pero sigues teniendo mucho sueño. Tu cuerpo, inmóvil durante la noche, necesita desperezarse para poder empezar la mañana y en ese momento el sistema nervioso simpático gana terreno para, entre otras cosas, darte un pequeño impulso y que logres salir de la cama —no hace falta decir que estoy hablando del sistema nervioso en términos muy básicos—. Si por el motivo que sea has dormido poco y no has podido descansar lo suficiente, pero necesitas un empujoncito extra para poder arrancar la jornada, podrías realizar varias rondas de alguna modalidad de respiración estimulante y así acabar de despertarte.

En esencia, como ya aprendimos anteriormente, tu sistema nervioso va cambiando de una rama del sistema nervioso a otra en función del momento o de la necesidad. Por ejemplo, aplicando las respiraciones tipo café, puedes conseguir que durante unos instantes todo suceda de un modo más rápido y dinámico, como si estuvieras bajo los efectos estimulantes del café, y por eso estas opciones respiratorias resultan más adecuadas a primera hora de la mañana o antes de realizar algún tipo de ejercicio.

Cambiemos de momento. Después de comer, por ejemplo. Estamos tranquilos, nos entra un poco de modorra y la respiración se hace más lenta; el sistema nervioso parasimpático se activa: así es como tu cuerpo se va adaptando a las distintas situaciones. Pero por si por algún motivo nos resulta imposible disfrutar de ese momento de descanso, podemos variar el ritmo de la respiración para cambiar la respuesta de nuestro sistema nervioso. Si estamos muy relajados, tenemos sueño y necesitamos despejarnos, nos conviene hiperventilar, y en cuanto lo hagamos, nuestro cuerpo se adaptará a esa modalidad de respiración y activaremos el sistema nervioso simpático.

Si por el contrario estamos nerviosos, hiperventilando, con la respiración algo acelerada, entonces deberemos practicar un ejercicio respiratorio más lento y consciente que obligue a nuestro sistema nervioso a relajarse, y así lograremos mantener el equilibrio entre ambos sistemas, o incluso cambiar directamente al sistema nervioso parasimpático, el de la tranquilidad y el sosiego.

Si esto te está pareciendo un poco lioso, no te preocupes, ya volveré a detenerme en este punto más adelante, pues es de vital importancia. En resumen, según como te encuentres tu respiración ha de ser de una u otra forma, y eso podemos lograrlo controlándola, a fin de activar la rama del sistema nervioso que nos sea más útil en cada momento o situación.

Agua, whisky, café

Me gustaría que pensaras en la respiración como si fuera una de estas tres bebidas: agua, whisky y café. ¿Por qué esta analogía con los diferentes tipos de bebida? Porque pensar en ellas de esta forma te permitirá distinguir con claridad cuándo es el mejor momento para utilizarlas.

Sé por propia experiencia que una de las dificultades más comunes para entender cómo funcionan las distintas modalidades de respiración, y que suele crear más confusiones, es saber con exactitud qué técnica debería aplicarse en cada momento o situación. Si a ello sumamos la poca claridad con que suelen explicarse los cambios que inducimos en nuestro cuerpo, o las exageraciones referentes a sus beneficios, todo termina envuelto en un halo de caos que, lejos de ayudar, crea una sensación de desconcierto.

Precisamente por todo esto, me ha parecido necesario asociar las distintas técnicas de respiración con algo cotidiano que nos resulte muy fácil de entender y nos aclare los conceptos.

Por ejemplo, al despertar por la mañana, en muchos casos para activarnos o simplemente por rutina, necesitamos tomar un café. Es una bebida vinculada a las primeras horas del día, que nos estimula y nos despierta. Por otro lado, cuando las personas buscan relajarse después de terminar una larga jornada de trabajo, suele ser bastante habitual entrar en un bar a tomar algo, puede que un whisky. Este hábito suele aparecer en algunas escenas de películas en Hollywood, y además en nuestra sociedad tendemos a relacionar la ingesta de bebidas alcohólicas con el ámbito de la noche. Solo intenta asociar el tipo de bebida con el momento de su ingesta y no al efecto que produce, la idea es darte un enfoque muy preciso de cuándo utilizar dichas técnicas.

Las bebidas como el café o el whisky son los dos extremos, una muy estimulante y la otra muy relajante, pero no siempre queremos estar muy activos o dormirnos enseguida, en cuyo caso la bebida más adecuada sería el agua, pues podemos tomarla en cualquier momento del día y siempre sienta bien, a cualquier hora y en cualquier lugar.

Volviendo a las respiraciones, la categoría «café» se caracteriza porque las inspiraciones y espiraciones son muy rápidas, su función es estimulante, como el café, y activa el sistema nervioso simpático. Es ideal para antes de practicar ejercicio, realizar cualquier actividad o empezar a trabajar, sobre todo por la mañana.

La respiración rápida reduce el CO_2 en el torrente sanguíneo, lo que causa la constricción de las vías respiratorias, venas y arterias, de modo que debe practicarse brevemente, solo en los momentos indicados. Las dos respiraciones que veremos dentro de esta categoría serán la respiración de fuego y la respiración de fuelle, y con ellas incluso podremos llegar a aumentar ligeramente el PH de la sangre, con lo que se volverá más alcalina.

Por otro lado, las respiraciones tipo whisky orientan tu sistema nervioso hacia el otro extremo, a la rama parasimpática. Este tipo de respiraciones se caracteriza por una frecuencia respiratoria muy baja, a fin de subir los niveles de CO_2 del organismo. No hay que pasar de dos o tres inhalaciones y exhalaciones por minuto como máximo. Dentro de esta categoría aprenderás la respiración 4/8 —inhalando en 4 tiempos y exhalando en 8— y la respiración cuadrada. Estas respiraciones disminuyen la frecuencia cardiaca, reducen la actividad de los músculos y mejoran los procesos digestivos. Son ideales para practicar por la noche justo antes de irse a dormir, y hay que utilizar bien el diafragma, practicándolas la mayoría de las veces acostados boca arriba.

Y por último tenemos la categoría de las respiraciones tipo agua. Cuando no tengas claro qué tipo de respiración aplicar, si una del tipo café, para activarte, o una del tipo whisky, para buscar un estado de mayor relajación, lo mejor es optar por una respiración de tipo agua, pues el agua es buena en cualquier momento del día, y el objetivo de las respiraciones que siguen este patrón es hallar el equilibrio. Su ritmo de respiración es de entre 4 y 6 veces por minuto. Hay que tardar lo mismo en inhalar que en exhalar.

Las respiraciones de tipo agua contribuyen a equilibrar los niveles de CO_2 y de oxígeno en el cuerpo. La alusión al agua es un excelente recordatorio de que puedes incorporarla a cualquier horario, pues, como todo el mundo sabe, siempre es buen momento para tomar un vaso de agua, ya sea por la mañana, a medio día o por la noche. Este tipo de respiraciones no te activan en exceso, ni tienen por objeto combatir el insomnio, pero valen para cualquier situación. Con estos cuatro rasgos generales ya podrás decidir qué tipo de respiración te conviene en cada momento. Clasificarlas por bebidas resulta muy práctico, porque asocias los efectos de cada una a lo que consigues con la técnica de respiración adecuada: el café es estimulante, el whisky es relajante y el agua es neutra, por lo que puedes recurrir a ella siempre que quieras.

Mientras que normalmente realizamos entre diez y doce respiraciones por minuto, con las respiraciones tipo agua reducimos la frecuencia al 50 por ciento, de modo que inhalamos y exhalamos unas cinco o seis respiraciones por minuto. Esta frecuencia simplifica las cosas considerablemente, pues solo tenemos que alargar un poco más la inhalación y hacer otro tanto a la hora de la exhalar, por ejemplo, tomando aire en cuatro tiempos y tardando otros cuatro en expulsarlo. Al ser una respiración que podemos aplicar en todo momento y que funciona muy bien para equilibrar el sistema nervioso, yo la utilizo mucho durante el día. La pongo en práctica en cuanto me percato de que estoy respirando muy deprisa porque empiezo a estresarme. O, por el contrario, si siento que mis niveles de energía están bajos y me noto somnoliento, pero no puedo dormir, respiro varios minutos siguiendo un patrón respiratorio de 4/4. Si además la alternas con la técnica de respiración oceánica, cerrando la garganta para controlar con más precisión la salida y entrada de aire, alcanzarás más deprisa ese equilibrio tan necesario. La respiración alterna, que consiste en utilizar las manos para tapar las fosas nasales, también entraría dentro de esta categoría, como veremos un poco más adelante.

Las modalidades de respiración tipo whisky suelen tener una duración de entre tres y cuatro respiraciones por minuto. Para lograrlo, hay que prolongar considerablemente las inspiraciones y las espiraciones. Una vez más, si asocias esta técnica a la bebida que le da nombre, tendrás clarísimo que es ideal para conciliar el sueño o para cuando necesitas estar muy relajado.

Con la respiración tipo café podemos llegar a inhalar y exhalar hasta treinta veces por minuto, mediante respiraciones rápidas y cortas. Eso sí, para realizar las respiraciones de la categoría café, debes tener en cuenta una serie de indicaciones que detallaremos en su momento, pero ya te adelanto que tendrás que abstenerte de practicarla en caso de que padezcas asma o si estás pasando por un periodo de estrés o ansiedad Como ya sabes, es una respiración muy estimulante, pero si ya te encuentras en ese estado de actividad o alteración tan frecuente en los procesos de estrés, no resulta nada recomendable.

Entonces, ¿por qué se realizan este tipo de respiraciones superestimulantes? Pues porque hay momentos en los que necesitas activarte para trabajar y no tener tanto sueño si la noche anterior no pudiste dormir bien, o para calentar el cuerpo y prepararlo para hacer ejercicio. En momentos así es cuando esta respiración te proporcionará un plus de energía.

Aunque aún te pueda seguir pareciendo un poco lioso, en cuanto te explique las técnicas de respiración de cada una de las categorías, lo entenderás fácilmente. Y para ayudarte a tener una idea más clara de las distintas modalidades con sus respectivas respiraciones, te dejo, a continuación, una tabla con todas ellas bien organizadas y clasificadas.

CATEGORÍA	TÉCNICA	TIEMPOS
AGUA	Respiración 4/4	10 repeticiones
	Respiración alterna	10 repeticiones
WHISKY	Respiración 4/8	10 repeticiones
	Respiración cuadrada	10 repeticiones
CAFÉ	Respiración de fuego	20 repeticiones - 3 repeticiones
	Respiración de fuelle	20 repeticiones - 3 repeticiones

Este será tu hábito favorito

No siempre es fácil integrar nuevos hábitos, incluso sabiendo de antemano que mejorarán la calidad de vida y el bienestar nuestro día a día. Cambiar esos patrones cotidianos que, aunque no sean los más saludables del mundo, ya tenemos superintegrados, en ocasiones puede resultar una tarea dificilísima. De hecho, si he de ser sincero, al menos en mi caso, he perdido la cuenta de cuántos de estos hábitos he intentado integrar y han desaparecido con la misma rapidez con que aparecieron.

Precisamente por eso, en este pequeño capítulo he querido explicar cuál es la mejor forma, o al menos la que me ha servido a mí, para que los ejercicios de respiración terminen formando parte de tu rutina diaria y que no queden de nuevo en una idea inconclusa. Cuando alguien que ya ha atravesado este camino aporta su experiencia, siempre podemos aprender y aplicarnos sus fórmulas con cierta garantía de éxito.

Y aunque he iniciado este capítulo casi en forma de advertencia, nada hay más lejos de la realidad: respirar es algo que haces cada segundo, cada minuto y cada hora de tu vida, de modo que no puede haber nada más integrado en tu ser que el acto de respirar. Y precisamente por eso, dedicar unos minutos de tu día simplemente a prestarle un poco más de atención a tu respiración, acabará por convertirse en algo casi intuitivo.

Siempre recomiendo que planifiques tus actividades y metas. No solo para mejorar tus hábitos, sino para enriquecer tu vida en general. Y es que, si no dispones de una estrategia definida, lo más probable es que te sientas perdido y a la deriva. Aunque suele decirse que para crear un nuevo hábito tienen que pasar veintiún días, los ejercicios de respiración que te propongo son tan fáciles de hacer, tan cortos y exigen tan poco esfuerzo que estoy seguro de que los asimilarás en bastante menos tiempo. Además, es importante que te esfuerces en aprender estas a rutinas durante las primeras semanas, pero una vez superada esta fase de aprendizaje, tú mismo decidirás cómo y cuándo llevarlas a cabo.

Lo más importante es dar el primer paso, que en este caso consiste en hacer tu primera práctica, no esperes a terminar el libro, en cuanto hayas leído en uno de los siguientes apartados cómo hacer la primera respiración de la categoría agua para equilibrar tu sistema nervioso, empieza a añadirla a tu día a día, sobre todo porque lo único que necesitas es tu respiración, y esa siempre la llevas contigo. En la repetición está el secreto. Repetir y automatizar.

A lo largo de la lectura de estas páginas trato de ofrecerte dos cosas muy concretas. La primera es mostrarte la ciencia de la respiración, darte una visión más amplia de este simple acto para que entiendas que realmente es la herramienta más eficaz, fácil y natural de tomar el control del sistema nervioso y, por extensión, del cuerpo. La otra cosa, no menos importante, es enseñarte varias técnicas de respiración bien definidas tanto en su ejecución como en sus beneficios para que se conviertan en uno de tus hábitos saludables favoritos.

Para empezar, dedicarle quince minutos al día es más que suficiente, y ni siquiera quince minutos seguidos. Cinco minutos de prácticas de respiración por la mañana, cinco minutos a medio día y otros cinco minutos por la noche justo antes de dormirse son más que suficientes. ¡Más fácil, imposible!

Las técnicas de tipo agua, café y whisky persiguen justamente este objetivo, utilizar estos quince minutos en total a lo largo de tu día repartiéndolos a razón de cinco minutos por cada modalidad. Por la mañana dedica cinco minutos a la respiración tipo café; a mediodía cinco minutos de respiración tipo agua para reafirmar el equilibrio; y para terminar la jornada, cinco minutos de respiración tipo whisky, con la que lograrás relajarte por completo antes de entregarte al sueño.

Como ves, no te llevará mucho tiempo y así conseguirás practicar e integrar esta rutina fácilmente en tu vida. Ahora bien, si estás pasando por algún momento complicado que requiere que relajes el sistema nervioso, puedes agregar respiraciones extra, pero las principal son estas tres. Por ejemplo, si a media tarde te apetece practicar deporte y necesitas activar el cuerpo, puedes recurrir a una respiración tipo café para activarte. O si tienes problemas digestivos, después de cada comida te convendría agregar una respiración tipo agua para favorecer una buena digestión, ya que nuestro sistema nervioso parasimpático se encarga de esta tarea. Si por el contrario te sientes un poco agobiado porque estás a punto de acudir a una entrevista de trabajo, puedes incorporar una respiración tipo agua antes de comenzar para relajarte. Como estarás observando, una vez que has aprendido qué cambios se producen en ti con cada tipo de respiración, ya puedes evaluar y decidir cuál de ellas utilizar.

En repetidas ocasiones muchos alumnos me han comentado que, en cuanto comienzan a practicar ejercicios de respiración, se vuelven más conscientes de cómo respiran a lo largo del día. Esta nueva conciencia del modo en que el aire entra y sale de nuestros pulmones es la primera evidencia que tendremos de lo importante que es respirar correctamente y de que esta práctica consciente puede llegar a convertirse en una herramienta de autoconocimiento. Con ello quiero decir que, si somos más conscientes de cómo respiramos a lo largo del día, podremos evaluar el modo en que se comporta nuestro sistema nervioso en función de los estímulos que le llegan del exterior y buscar un porqué. Nuestro sistema nervioso se adapta a las distintas situaciones que vivimos durante el día sin apenas darnos cuenta, pero la respiración siempre nos proporcionará valiosas pistas acerca de cómo funciona para que seamos nosotros quienes tomamos el control.

Es importante asumir esta rutina, sobre todo ahora que estás aprendiendo las distintas técnicas, ya que, como dice esa sentencia tan manida, pero a la vez tan cierta, la práctica hace al maestro. Lo más interesante de la respiración es que la pones en práctica cada segundo de tu vida: puedes ir conduciendo mientras respiras en la modalidad agua; puedes estar en la cola del supermercado para pagar las compras mientras practicas una respiración cuadrada; o probar a conciliar el sueño mientras realizas un viaje transoceánico a bordo de un avión. Cualquier momento del día es genial para integrar la respiración consciente.

Respiración oceánica

Todos los sentidos estaban discutiendo entre ellos acerca de quién era el mejor y más importante. Al no ponerse de acuerdo, fueron al encuentro de Brahma (dios creador del universo en la cosmología hinduista), y le preguntaron: «¿Quién es el más importante de nosotros?». Él replicó «El sentido más importante es aquel cuya partida cause peor mal al cuerpo, ahí recae su verdadero poder».

En ese instante la lengua (el habla) se marchó, y después de estar ausente durante un año entero, volvió y dijo: «¿Cómo habéis podido vivir sin mí?» Ellos respondieron: «Como las personas mudas, sin hablar con la lengua, pero respirando con la nariz, viendo con los ojos, oyendo con los oídos y conociendo con la mente. Así hemos vivido». Entonces el habla entró de nuevo en el cuerpo.

Se marcharon los ojos (la vista), y después de estar ausentes durante un año, regresaron y preguntaron: «¿Cómo habéis podido vivir sin nosotros?». Ellos respondieron: «Como la gente ciega, sin ver con los ojos, pero respirando con la nariz, hablando con la lengua, oyendo con los oídos y conociendo con la mente. Así hemos vivido». Entonces los ojos entraron de nuevo en el cuerpo.

En ese mismo momento, los oídos se marcharon, y después de estar ausentes durante un año, volvieron y preguntaron: «¿Cómo habéis podido vivir sin nosotros?». Ellos respondieron «Como la gente sorda, sin oír con los oídos, pero respirando con la nariz, hablando con la lengua, viendo con los ojos y conociendo con la mente. Así hemos vivido». Entonces los oídos entraron de nuevo en el cuerpo.

La mente también decidió de inmediato marcharse, y después de estar ausente durante un año, volvió y dijo: «¿Como habéis podido vivir sin mí?». Ellos respondieron: «Como tontos, sin conocer con la mente, pero respirando con la nariz, viendo con los ojos, hablando con la lengua y escuchando con los oídos. Así hemos vivido». Entonces la mente entró de nuevo en el cuerpo.

Por último, le tocó el turno a la nariz (la respiración), pero en el preciso instante en que se marchaba, hizo trizas a los demás sentidos, y todos gritaron a la vez: «¡Por favor, no te vayas! ¡No podemos hablar, ver, oír, ni pensar sin ti! ¡Tú eres el más importante de los sentidos!».

Cuento extraído de los *Upanishads* (libros sagrados hinduistas)

El ser humano no respira mal por casualidad. Para empezar, apenas somos conscientes del acto en sí, y terminamos respirando como podemos practicando lo que podríamos llamar una respiración de pura subsistencia.

Podemos decidir si respiramos más profundamente para salir de una situación de estrés o para centrar nuestra mente. Si tenemos suficiente práctica, seremos capaces de llegar a manejarla hábilmente a fin de mitigar el horrible malestar físico que puede provocarnos un ataque de pánico, o de inhalar con rapidez para activar cada átomo de nuestro de cuerpo, y aun así, en la mayoría de los casos, estaríamos desaprovechando su potencial.

Como sin duda ya sabes, en las prácticas de yoga y meditación no dejan de alabar los numerosos beneficios que conlleva aprender a controlar la respiración, y desde hace unos años la ciencia también hace hincapié en sus virtudes. Resumiéndolo en una sola frase, «respirar voluntariamente de una u otra forma, afecta de diferente manera a la actividad del cerebro», y ello se debe a la íntima conexión que existe entre la respiración y los distintos factores que intervienen en la concentración, la relajación o incluso en los procesos responsables de mejorar la creatividad o el aprendizaje.

Uno de los estudios más avanzados sobre la importancia de los patrones respiratorios a nivel neural está recogido en el *JNP* (*Journal of Neurophysiology*). Los cinco investigadores norteamericanos responsables del estudio cuentan cómo, aprovechando la intervención a un grupo de pacientes que padecían trastornos de epilepsia y que necesitaban un tratamiento médico más invasivo, implantaron estratégicamente en su cerebro varios electrodos para analizar de forma contundente su actividad neuronal (por su complejidad y riesgo, hasta ese momento solo se había realizado la prueba en ratones).

Tras el análisis inicial, los electrodos evidenciaron que, tal como sospechaban los investigadores, los ejercicios de respiración que solían practicarse durante la relajación y la meditación incidían de forma decisiva en la atención, en la gestión de los estados de ánimo y en la capacidad de memorizar. Por consiguiente, la actividad cerebral puede ser modificada cambiando nuestra forma de respirar de manera consciente.

Más allá de las explicaciones científicas, o de los milenarios textos yoguis, yo mismo he experimentado en mi persona cambios fisiológicos fácilmente perceptibles solo con respirar lentamente y llevando el aire hasta el abdomen para aliviar el estrés, o aumentando la temperatura corporal cuando obligo al aire a salir y a entrar rápidamente por mis fosas nasales. Al fin y al cabo, no sirve de nada leer sobre los beneficios de una determinada forma de respirar si no la experimentamos empíricamente poniéndola en práctica nosotros mismos.

En este punto, y teniendo en cuenta que la clave para un adecuado control de la respiración reside en alargar las inhalaciones y las exhalaciones algo más de lo que estamos habituados, es aquí donde surge uno de los primeros retos para los principiantes. Como ya puedes imaginar, yo también tuve que pasar por ello cuando empecé, y es un tema recurrente siempre que mentorizo a diferentes personas que deciden iniciarse en las prácticas de respiración.

«Rubén, me resulta imposible inhalar y exhalar prolongando tanto la respiración, me quedo sin aire superpronto... ¿tengo algún problema?, ¿qué estoy haciendo mal?».

Estas preguntas, junto con la de si es mejor expulsar el aire por la nariz o por la boca, me atrevería a jurar sin temor a equivocarme que son las que más se repiten, día tras días.

Se trata de una duda muy común, precisamente porque en nuestro día a día no estamos acostumbrados a realizar respiraciones lentas y profundas, y lo que no se practica es difícil que surja de forma natural, sobre todo cuando además parece que casi nos esforzamos en respirar más veces de lo que en realidad necesitamos. Diversos estudios han coincidido en que un ritmo de respiración de cinco a seis veces por minuto es el patrón perfecto que deberíamos tener la mayoría del tiempo. Esto quiere decir que deberíamos inhalar en cinco segundos y exhalar en otros cinco, completando de esta forma la suma de ambos tiempos, sesenta segundos completos. Sin necesidad de utilizar un cronómetro o un reloj, observándonos a nosotros mismos, creo que enseguida llegaremos a la conclusión de que muy pocas personas (prácticamente nadie) utiliza este patrón respiratorio: otra muestra más de que somos malos respiradores. De hecho, la frecuencia media de respiraciones por minuto del ser humano está entre ocho y doce, y eso en los mejores casos. Lo cual quiere decir que siempre estamos respirando más rápido de lo que deberíamos, y eso tiene consecuencias de orden fisiológico.

Pero vayamos a la cuestión principal: ¿cómo puedes prolongar las inhalaciones y exhalaciones? Para muchos, soltar el aire poco a poco de forma consciente y llegar hasta los cinco segundos sin quedarse sin aire antes de tiempo constituye casi una quimera.

Hay personas que incluso han llegado a pensar que padecen algún problema o insuficiencia respiratoria que no les permite llenar los pulmones por completo.

Para la gran mayoría de los que no sufren trastornos del aparato respiratorio, la solución consiste en controlar el flujo de aire tanto al entrar como al salir por la nariz. En estos casos la respiración oceánica es el truco perfecto para tener un buen control de la respiración.

La respiración oceánica permite hacer exhalaciones muy lentas, que es un paso fundamental para lograr una técnica de respiración mucho más depurada. Sé por propia experiencia que soltar el aire en más de cinco o seis tiempos es algo que cuesta bastante al principio. Por eso este truco te encantará.

Quizá ya has tenido cierta dificultad cuando has intentado respirar marcando tiempos largos, sobre todo al poner en práctica alguna técnica de respiración para conciliar el sueño. Estas técnicas se caracterizan precisamente por sus largas exhalaciones, como, por ejemplo, la técnica de respiración 4-7-8, popularizada por el doctor y escritor Andrew Weil, con la que es muy fácil quedarse sin aire a mitad de los últimos ocho tiempos.

El nombre de esta forma de controlar el flujo de aire que pasa por nuestra garganta proviene del ruido que genera, ya que lo que hacemos básicamente es cerrar la glotis para restringir el flujo de aire normal, y la fricción que se produce cuando circula el aire produce un sonido característico. Este sonido es muy similar al que podemos escuchar cuando estamos cerca del mar, de ahí la denominación de oceánica. También se conoce como respiración victoriosa o del guerrero, porque su sonido se asemeja al de una multitud celebrando un gol o un punto de su equipo o de su jugador de fútbol favorito.

Si eres practicante de yoga, seguro que la conoces como respiración Ujjayi. Dentro de la perspectiva yoguística, esta modalidad de respiración resulta especialmente saludable tanto mental como físicamente; además, recalcan su importancia como herramienta con gran poder de introspección y que ayuda a encontrar de cierta manera más paz interior. Más allá de todo lo dicho, la respiración oceánica mejora la salud pulmonar al distender los músculos que intervienen en el acto respiratorio. El mero hecho de respirar más despacio resulta beneficioso para la salud porque, entre otras cosas, promueve un intercambio de gases más fluido, y el pequeño ruido que genera contribuye a que respires de un modo más consciente y a que te mantengas más concentrado en los tiempos de inhalación y exhalación.

Cuando respiramos de este modo cerramos la garganta, estrechamos el paso del aire y así nos obligamos a tardar más en llenar o en vaciar de aire los pulmones. Ahí radica el secreto. Al hacerlo, se produce un ruido similar a un ronquido, o, si se prefiere, para mayor satisfacción de los fans de Star Wars, algo muy parecido al característico sonido de la respiración de Darth Vader.

Pero basta de teoría, vamos a practicarlo.

1. Siéntate cómodamente, con la espalda recta, al menos mientras estés en periodo de aprendizaje; más adelante podrás practicar esta modalidad de respiración en cualquier postura.

2. Ahora debes imaginarte que empañas un cristal con el aliento: ve soltando el aire por la boca poco a poco. ¿Notas cómo puedes exhalar mucho más lento? Al intentar dejar salir el vaho de tu respiración, estás cerrando la garganta.

3. Vamos un paso más allá, ahora solo tienes que hacer lo mismo, pero con la boca cerrada, y dejar salir el aire solo por la nariz, pero manteniendo la misma intención de empañar un cristal. Recuerda: como si empañaras un cristal, pero con la boca cerrada. A veces, a algunas personas les resulta más fácil si pegan la barbilla al cuello, pero solo al principio, para notar esa sensación de fricción al pasar el aire.

En los primeros intentos tendrás que hacer bastante ruido, pero a base de práctica irás afianzando la técnica, hasta que por fin logres cerrar la glotis sin dificultades, y a partir de entonces ya podrás respirar en cuatro, cinco y hasta en ocho tiempos o más de forma natural, y además podrás realizar todas las prácticas de respiración que quieras aprender de aquí en adelante. Más tarde, cuando hayas adquirido soltura, lograrás hacerlo casi sin emitir el menor ruido. Si procuras respirar así a lo largo del día, incluso podrás llegar al deseado rango de cinco o seis respiraciones por minuto, y te aseguro que tu salud saldrá ganando mucho con ello.

Respiraciones tipo agua

Por fin hemos llegado a la primera práctica de respiración. ¡Sé que lo estabas deseando! Ya aprendiste la respiración oceánica, pero esa forma de respirar es más bien un truco que, por cierto, te ayudará a realizar perfectamente todas las prácticas que veremos a partir de ahora.

En esta práctica, que busca el equilibrio de las dos ramas del sistema nervioso, respiraremos con una frecuencia respiratoria de unas 5 a 6 respiraciones por minuto, la mitad de las que solemos realizar normalmente. Al ejecutarla inhalando por la nariz en cuatro tiempos y exhalando también por la nariz en otros cuatro tiempos, conseguimos que tanto el dióxido de carbono como el oxígeno del organismo mantengan una relación de armonía y estabilidad que se irá perdiendo a medida que respiremos sucesivamente, más rápido o más lento de lo que deberíamos. En la gran mayoría de las veces, este desequilibrio se ocasiona por respirar muy rápido, pero cada vez suele suceder más justamente por lo contrario, es decir, por respirar demasiado despacio, de manera inconsciente, debido a la apnea del correo electrónico, un fenómeno al que ya nos hemos referido en el capítulo sobre los problemas respiratorios.

Esta respiración, enmarcada dentro de las de tipo agua, es la más sencilla de todas, puedes realizarla en cualquier momento del día, y es que, como el agua, siempre es bueno tomarla, a la hora que sea. Es tan fácil que la puedes practicar sentado, acostado, mientras conduces, caminas o en cualquier otra situación que se te ocurra. Pero en esta ocasión, por ser la primera vez, te recomiendo que te sientes cómodamente y dejes reposar las manos sobre las piernas.

Recuerda que, para completar una respiración entera, primero llevamos el abdomen hacia afuera a fin de ayudar al diafragma a contraerse, y a continuación hinchamos un poco el tórax, sin forzar en absoluto, sintiendo que el movimiento es totalmente natural. Ahora simplemente respira, siempre por la nariz:

1. Inhala en cuatro tiempos (puedes contar mentalmente hasta cuatro, más o menos al ritmo del segundero, no tiene por qué ser exacto): uno, dos, tres, cuatro.

2. Exhala empleando la misma secuencia contando cuatro, tres, dos, uno.

3. Puedes utilizar el truco de la respiración oceánica, cerrando la garganta, para sentirte más relajado y llegar perfectamente a los tiempos.

Te invito a que completes diez rondas ahora mismo, para que experimentes la sensación de calma que te invadirá en cuanto hayas terminado de practicar esta respiración tan equilibrante; si lo prefieres, puedes cerrar los ojos para una mayor concentración. Estoy seguro de que solo con estas pocas respiraciones ya habrás notado tu cuerpo más relajado. Esta sería tu primera respiración tipo agua, ideal para ponerla en práctica como mínimo durante tus cinco minutos de pausa a mitad del día, pero, que como ya he comentado, puedes respirar aplicando esta técnica durante todo el día y beneficiarte de la estabilización del sistema nervioso autónomo que consigue. Anteriormente ya leíste que, según estudios recientes sobre la respiración, el ritmo óptimo y más saludable es de cinco segundos para inhalar y otros tantos para exhalar; con esta respiración, y teniendo en cuenta que es la primera y la más básica, conseguirás que sea aún más fácil de realizar e integrar.

Aquí abajo tienes un dibujo para que al principio puedas practicarla de forma más visual. Solo tienes que poner el dedo índice en el centro e ir recorriendo con él la ilustración siguiendo los tiempos indicados. Comienzas hacia la derecha inhalando en cuatro tiempos, y cuando llegues de nuevo al centro ya habrás empezado a equilibrar tu sistema nervioso. Completa unas diez series, pero te recomiendo que sigas practicando esta respiración un total de entre tres y cinco minutos.

RESPIRACIÓN **EQUILIBRANTE 4/4**
CATEGORÍA AGUA

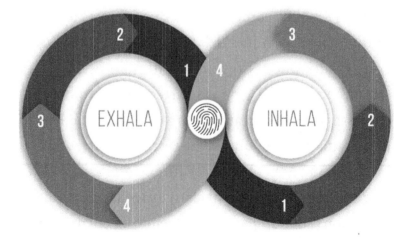

Quizá la respiración más icónica de todas las que contempla la filosofía yoguística sea la respiración alterna o *nadi shodhana*. Estoy seguro de que la has visto alguna vez, en la portada de un libro, en internet o en alguna película donde apareciesen ejercicios de pranayama. Te hablo de esa imagen que muchos tenemos grabada en la mente, en la que una persona apoya la mano sobre la nariz para tapar sus fosas nasales alternativamente. Debido precisamente a su carácter tan representativo, me parece de interés comentar tanto su origen como la procedencia de su nombre.

Esta respiración es la segunda dentro de la categoría agua, y se ejecuta de la misma forma que la respiración 4/4 anterior, pero en esta ocasión nos ayudaremos de una mano para ir alternando —de ahí su nombre— las fosas nasales tanto para inhalar como para exhalar.

Como muchas palabras del sánscrito, el nombre original de esta respiración, *nadi shodhana*, se compone de dos términos cuyos significados describen claramente lo que se pretende conseguir.

Nadi quiere decir canal, y *shodhana* significa limpiar, de modo que al unir sus significados, esta práctica —fiel a la filosofía tradicional de la que procede— nos habla de limpiar o purificar los canales, y en este sentido podríamos añadir que hace alusión a la limpieza de los canales energéticos y a cómo equilibrar la energía corporal.

Desde una óptica más rigurosamente científica, esta respiración tiene la virtud de disminuir el ritmo cardiaco y la presión sanguínea, una vez más debido a que, al practicarla empleando una frecuencia de respiración menor, eleva los niveles de CO_2 del organismo y mejora la concentración —por la simple razón de que nos obliga a centrarnos en los movimientos de la mano— y, por último, equilibra ambos hemisferios cerebrales.

El hemisferio izquierdo de nuestro cerebro está relacionado con el sistema nervioso simpático, mientras que el hemisferio derecho lo está con el sistema nervioso parasimpático, y ambos a su vez están estrechamente relacionados con los ciclos nasales, tal como vimos en el primer capítulo, como sin duda recuerdas. Este es un tema importante, porque cada fosa nasal no siempre recibe el mismo flujo de aire: dependiendo de qué parte del sistema nervioso este predominando, respiramos más o menos por una fosa nasal u otra. Lo sé, quizá suena algo lioso, pero lo seguiré explicando de diferentes formas para que termines por asimilarlo perfectamente. Cuando utilizamos una mano en la respiración alterna para forzar la salida y entrada de aire por las diferentes fosas nasales, estamos equilibrando el sistema nervioso.

¿Cómo colocar la mano?

La forma más fácil es utilizar el pulgar y el índice como si de una pinza se tratase, y ahora te explicaré cómo tapar una u otra, pero digamos de entrada que solo uno de los dedos tapa una fosa nasal, mientras que la otra queda libre a la espera de ser tapada por el otro dedo. Esta es la forma más sencilla, y a continuación veamos la manera clásica.

Si quieres practicarla tal como se hace en pranayama, debes situar los dedos índice y corazón encogidos sobre la base del pulgar, de modo que tanto el pulgar como los dedos anular e índice quedan libres, y estos son los que actúan como pinza. Quizá suena complicado a la hora de explicarlo por escrito, pero no presenta la menor dificultad. Al igual que en la opción anterior, el pulgar presiona una de las fosas nasales para evitar la entrada o salida de aire, mientras la otra queda abierta, y una vez hecha la inhalación, alternamos.

A continuación, te lo explico paso a paso. Y recuerda siempre que la clave para no liarte es que cada vez que inhales debes cambiar de fosa nasal.

1. Coloca la mano empleando indistintamente la posición sencilla o la clásica y presiona con el pulgar la fosa nasal derecha. Inhala por la izquierda y cambia.

2. Exhala por la derecha e inhala por el mismo lado. Cambia después de la inhalación.

3. Exhala por la izquierda e inhala por el mismo lado. Cambia después de la inhalación.

4. Repite varias veces seguidas este patrón.

Te lo explicaré de otra forma que quizá te resulte más fácil de entender: tapa un lado; inhala; cambia; exhala; inhala; cambia; exhala; inhala; cambia; exhala; inhala; cambia; exhala; inhala; cambia. Repite el mismo patrón las veces que creas convenientes.

Te recomiendo que al principio la practiques sin tener en cuenta los tiempos, y que comiences lentamente, sin forzar la postura ni el gesto de la mano, solo inhalando, cambiando, exhalando, inhalando y volviendo a cambiar. Una vez que lo tengas integrado, te resultará igual de fácil que la anterior respiración tipo agua inhalando en cuatro tiempos y exhalado durante otros cuatro.

Una vez más, lo que buscamos con esta respiración tipo agua es el equilibrio, en este caso el del sistema nervioso, pero empleando un método más efectivo, pues forzamos a entrar y a salir el aire por el lado que nosotros queramos.

Esta respiración puede practicarse en cualquier momento, pero por ahora será mejor que lo hagas al mediodía o por la tarde, y lo mismo con la respiración 4/4. Al cabo de unas semanas, tú mismo serás quien decida cuándo ponerla en práctica, y también quien elija la técnica que más se adecue a las necesidades de tu sistema nervioso.

Respiraciones tipo whisky

La categoría de tipo whisky es la que incluye las técnicas de respiración más relajantes. Estas activan con gran eficacia nuestro sistema nervioso parasimpático, el encargado de relajar la musculatura, de hacer mejores digestiones y también de preparar nuestro cuerpo para conciliar el sueño. Hay que bajar muchísimo el ritmo de respiración, a unas 3 o 4 respiraciones por minuto. ¿Cómo hacer para respirar menos veces? Pues tardando más segundos en inhalar, y cuando retardamos igualmente la exhalación, también forzamos a no expulsar tan deprisa el CO_2. Gracias a ello se produce una vasodilatación y nuestro ritmo cardiaco desciende. Estamos tomando el control de la respiración para inducir un estado de calma a todo nuestro organismo. Esta categoría abarca dos técnicas muy sencillas, pero a la vez de enorme importancia, ya que son las que utilizaremos antes de dormir o cuando necesitamos que nuestro cuerpo se relaje profundamente, puesto que incide considerablemente en el sistema nervioso autónomo. La técnica 4/8, consistente en inhalar en 4 tiempos y exhalar tardando el doble —8 tiempos—, y la respiración cuadrada —inhalar, retener, exhalar y retener en vacío— ralentizan tanto la respiración que nos inducen a realizar como máximo unas tres o cuatro respiraciones por minuto. Bastante menos de las 10 o 12 inhalaciones y exhalaciones que hacemos normalmente.

Como son respiraciones más largas de lo habitual, esta es una ocasión perfecta para aplicar la técnica de respiración oceánica, cerrando la glotis a fin de que el aire fluya más controlado, y de esta forma te será más fácil prolongar la exhalación por 8 tiempos. Además, aunque quizá requiera un poco más de práctica, también puedes probar a cerrar la glotis —recuerda, como si empañaras un cristal, pero con la boca cerrada— al inhalar, con lo cual reducirás el flujo de aire que entra y lograrás unas inhalaciones más largas.

Este tipo de respiraciones son perfectas para practicarlas justo antes de dormir, porque al prolongar tanto las inhalaciones, y aún en mayor medida las exhalaciones, aumenta considerablemente el dióxido de carbono en sangre, dilatando venas, arterias y vías respiratorias, con el consiguiente descenso del ritmo cardiaco y de la presión sanguínea, dos factores que contribuyen decisivamente a que conciliemos el sueño más fácilmente. Ya sabes que, bajando el ritmo de la respiración, llevando el aire hacia el vientre para implicar al diafragma y recogiendo y expulsando el aire por la nariz, reconducimos nuestro sistema nervioso hacia la rama parasimpática, encargada de regular los procesos relacionados con el sueño.

La mecánica de la respiración 4/8 es muy sencilla, solo debes inhalar y exhalar por la nariz. Tomas aire lentamente contando para ti hasta 4, haces una pequeña pausa y exhalas aún más despacio empleando el doble de tiempo mientras cuentas mentalmente de 8 a 1; haces de nuevo una pequeña pausa y repites. Si lo sumamos, nos da un tiempo de casi 15 segundos, que vienen a ser, tal como comentaba al principio, 4 respiraciones por minuto. Puedes practicar todas estas técnicas de tres a cinco minutos para que empieces a notar sus efectos, y a partir de ahí dedícales todo el tiempo que necesites, en especial si deseas alcanzar un estado de relajación importante que te permita conciliar el sueño.

Esta práctica resulta aún más efectiva si la realizas tumbado boca arriba. Puedes poner las manos sobre el abdomen para sentir cómo llevas el aire hacia el vientre. El nervio vago, que atraviesa el diafragma, se estimulará sobremanera si la respiración es profunda. Controla bien la exhalación para no quedarte sin aire antes de tiempo, como si quisieras empañar un cristal al soltar el aire. Lo normal es hacer unas diez rondas, pero como te explicaba, puedes repetir las veces que creas necesarias. Debido a que cada persona puede tener sus propias dificultades para dormir, ya sea por insomnio, por tener un sistema nervioso simpático muy activo, por estrés, etc., cada cual necesitará su tiempo y conseguirá alcanzar con mayor o menor facilidad un estado de relajación satisfactorio.

Aquí tienes un esquema para que puedas practicar esta técnica de forma más visual, como en la 4/4 tipo agua. Solo tienes que poner el dedo índice en el centro e ir desplazándote hacia la derecha para inhalar en 4 tiempos, volver al centro y exhalar hacia la izquierda llegando de nuevo al centro en 8 tiempos. Una vez que la tengas interiorizada gracias al dibujo, serás capaz de practicarla en cualquier momento, especialmente antes de dormir, pues la categoría de respiraciones tipo whisky es la más indicada para este fin.

RESPIRACIÓN CUADRADA

Si en la respiración 4/8 tenemos una frecuencia de unas cuatro respiraciones por minuto, en la técnica de respiración cuadrada la frecuencia aún baja más, por lo que incide con mayor contundencia sobre el sistema nervioso. Así, los niveles de CO_2 se elevarán un poco más y el ritmo cardiaco descenderá considerablemente, como cuando los miembros de la tribu de los bajau se sumergen en aguas profundas.

¿Por qué se llama respiración cuadrada? Pues la técnica no tiene ningún misterio, simplemente se trata de respirar marcando cuatro fases diferenciadas, una primera en la que inhalamos, una segunda en la que retenemos el aire dentro de los pulmones, una tercera en la que exhalamos todo el aire y en la cuarta y última fase contenemos la respiración con los pulmones en vacío. Esas serían las cuatro fases: inhalar, retener, exhalar y retener en vacío. ¿En cuánto tiempo? Pues también en cuatro: inhalamos en 1-2-3-4, retenemos en 1-2-3-4, exhalamos 4-3-2-1 y retenemos en 4-3-2-1. Repetimos el cuadrado una y otra vez hasta llegar a completar las 10 vueltas, o hasta que consideres que con esta modalidad de respiración ya has logrado relajar tu sistema nervioso autónomo.

Lo más fácil es imaginar un cuadrado donde cada lado es una de las fases; inhalamos por la derecha subiendo, retenemos en horizontal con los pulmones llenos, exhalamos bajando, y volvemos a retener, pero en vacío, en la parte baja horizontal.

Esta respiración es un poco más lenta que la anterior. En la parte durante la cual retienes en vacío es cuando puedes tener alguna dificultad. En esa fase de la respiración tu cuerpo registra unos niveles más altos de dióxido de carbono de lo habitual, así que, dependiendo de tu tolerancia a este gas, tendrás más ganas de aspirar aire, más hambre de oxígeno. Si ese es tu caso, puedes variar los tiempos de cada fase y practicar contando mentalmente solo hasta tres. O incluso, si careces por completo de experiencia, limítate a contar hasta dos, inhalar en dos, retener en dos, exhalar en dos y retener en dos, pero a medida que vayas adquiriendo confianza ve aumentando hasta 4. Y si practicas todos los días y eres capaz de mejorar estos tiempos, muy bien por ti.

Utiliza el siguiente dibujo para practicarla e interiorizarla. Coloca el dedo índice en la parte baja derecha y, tal como hemos hecho anteriormente, comienza inhalando y subiendo mientras cuentas mentalmente hasta cuatro, siempre por la nariz, recuerda. Contén el aire hasta cuatro recorriendo toda la parte superior hacia la izquierda, ve bajando y exhalando por la nariz del cuatro al uno, y por último aguanta en vacío, sin aire en los pulmones, recorriendo la parte baja hasta volver al principio. Diez rondas seguidas es más que suficiente, pero si crees que necesitas ampliar el número de rondas, adelante.

RESPIRACIÓN **CUADRADA**
CATEGORÍA WHISKY

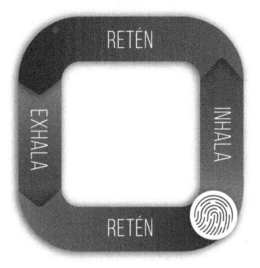

Seguramente notarás el cuerpo más relajado. Esto es debido a que, al bajar el ritmo de la respiración, aumenta el CO_2 en sangre y bajan el ritmo cardiaco y la presión sanguínea. Esta respiración es ideal para conciliar el sueño. Y recuerda: mi recomendación es que respires siempre por la nariz, tanto al inhalar como al exhalar.

Antes de pasar a la última categoría de respiraciones, quisiera explicarte otra de las técnicas más conocidas, que estaría a medio camino entre una respiración tipo agua y una respiración tipo whisky (como recordarás, cada categoría se basa en el tiempo que se emplea en realizar las respiraciones). Me estoy refiriendo a la respiración triangular, que aún es más fácil que la respiración cuadrada y por eso gusta a muchas personas. Es más fácil de realizar, pues viene a ser igual que la anterior, pero sin la parte de retención en vacío, con lo que tenemos una respiración en tres fases perfecta para practicarla en cualquier momento. Se trata de una respiración muy adecuada para equilibrar el sistema nervioso, y además tiene la ventaja añadida de que, al poder retener más aire en el organismo, resulta más fácil de ejecutar.

De nuevo, acompaño este texto con un esquema para ayudarte a visualizarlo. En esta ocasión tenemos un triángulo invertido; colocaremos el dedo en el vértice inferior, inhalaremos contando hasta cuatro mientras subimos por la derecha, aguantaremos el aire de camino hacia el siguiente vértice marcando otros cuatro tiempos y descenderemos para volver al inicio contando de cuatro a uno mientras exhalamos. Siempre utilizando el órgano diseñado para respirar, la nariz. Como ves, es muy sencilla y también bastarían diez rondas para equilibrar el sistema nervioso en circunstancias normales. En momentos de gran estrés o de ansiedad, puedes repetir las veces que creas necesarias, hasta que te notes relajado, sin prisas, limítate a ser consciente de tu respiración, lleva el aire hacia el abdomen y concéntrate en cada inhalación y en cada exhalación. La respiración te permite controlar el cuerpo, de modo que si conoces cómo funciona y lo que persigue cada técnica de respiración, el control estará en tu mano, o mejor dicho, en tu nariz.

RESPIRACIÓN **TRIANGULAR**
CATEGORÍA AGUA/WHISKY

Respiraciones tipo café

Respiración de fuego

Kapalabhati es el nombre con que se conoce a la respiración de fuego en el yoga tradicional. Desde la perspectiva yoguística, esta modalidad se considera una técnica de depuración y limpieza, y no es de extrañar, tanto por su forma de practicarla (con espasmos fuertes y voluntarios del diafragma) como por sus beneficiosos efectos para el organismo, virtudes que hacen de esta práctica respiratoria una de las más potentes y efectivas. Si traducimos del sánscrito, nos haremos una idea de sus beneficiosos efectos, puesto que *kapala* significa cráneo y *bhati*, fulgor o luz, es decir, cráneo brillante, un término que también podría interpretarse con cierta libertad como limpieza de cráneo. En cuanto empieces a ejercitar esta respiración entenderás el porqué, pero te aconsejo que al principio tengas un pañuelo a mano, ya que, al expulsar aire de forma rápida por la nariz, estarás limpiando las fosas nasales al mismo tiempo.

Si hay algo que caracterice especialmente las técnicas pertenecientes a la categoría café es, sobre todo, el fuerte impacto que ejercen en el sistema nervioso simpático estimulándolo y aportándote un pico de energía extra cuando lo necesitas. Igual que sucede con el café, hay momentos del día en que esta técnica no tiene igual, sobre todo por las mañanas, cuando nos cuesta tanto despertarnos, o como hago yo antes de empezar a practicar ejercicio. Es una parte imprescindible de mi calentamiento corporal cuando me preparo para la actividad física.

La forma correcta de realizar esta respiración es contrayendo los músculos del abdomen (el diafragma) para dejar salir el aire y relajándolos para que el aire entre por sí solo. Se suelen hacer 20 exhalaciones seguidas y, a continuación, una pausa corta. De nuevo otras 20 exhalaciones, pausa, y por último una tercera ronda de 20 exhalaciones y terminamos. Es decir, 3 rondas de 20. Si haces alguna de más o de menos no importa, pero que sean en torno a unas 20. Fíjate que siempre hablo de exhalaciones, y es que para esta respiración solo nos centramos en las exhalaciones, cuando ejercemos presión al empujar el abdomen hacia dentro con fuerza y soltamos el aire por la nariz. En cuanto dejamos de hacer presión sobre la barriga, el diafragma vuelve a su lugar y el aire entra automáticamente en los pulmones para ser expulsado de nuevo con cierta brusquedad.

Completaremos 20 exhalaciones y 3 rondas, pues este es el número de repeticiones perfecto para que no te agobies en exceso. No debemos olvidar que se trata de una respiración hiperventilante, todo lo contrario de las que hemos aprendido hasta ahora, y por eso te aconsejo que seas más bien precavido. Completar demasiadas rondas o pasarte con las repeticiones puede acabar creándote cierta sensación de agobio. Pero eso solo es al principio. En cuanto logres dominarla, verás lo útil que resulta esta respiración estimulante. Además, tres rondas bastarán para que empiece a activarse el sistema nervioso simpático. Antes de que te pongas a ello, debo advertirte que es una técnica que te llena de energía, pero no te la recomiendo si estás pasando por algún proceso de ansiedad o estrés. Tampoco resulta aconsejable si sueles tener la tensión alta o a las embarazadas, sobre todo porque, tal como acabo de comentar, estimula el sistema nervioso simpático, y si normalmente ya estamos sobreestimulados y con la rama de lucha o huida excesivamente en alerta, no te conviene activarla aún más. Si crees que ese es tu caso y consideras que no te conviene, siempre puedes sustituirla, tanto por las mañanas como antes de hacer ejercicio, por una respiración equilibrante, es decir, de la categoría agua.

1. La mejor forma de practicarla es sentándote, sin apoyar la espalda del todo. También puedes cerrar los ojos, aunque no es obligatorio.

2. El aire siempre debe salir y entrar por la nariz, la boca permanece cerrada. Las exhalaciones y las inhalaciones serán cortas, pero a un ritmo que te resulte cómodo, no debes forzar demasiado. La cadencia normal es de 2 o 3 respiraciones por segundo. Recuerda que es una hiperventilación voluntaria.

3. Para empezar, haz solo 5 exhalaciones por ronda, y a medida que la controles ve aumentando hasta las 20 que comentaba antes.

4. Primero haz un par de respiraciones naturales, siente cómo el abdomen entra y sale, y acto seguido céntrate en la exhalación limitándote a meter el ombligo hacia dentro para exhalar y soltar el aire. Una vez que has empujado el abdomen hacia dentro, lo relajas, y el aire entra por sí solo; vuelve a empujarlo y relájalo de nuevo, y así una y otra vez. Piensa que el abdomen es como un fuelle, si inhalamos, el diafragma desciende y entra el aire, y cuando lo aprietas, este sube y los pulmones lo expulsan. Si estás relajado el aire entrará solo, no trates de inhalar.

Ve probando primero con las manos sobre el abdomen y ayúdate de ellas para empujarlo hacia dentro y dejar que salga el aire. Esta es la forma de empezar a conocer la respiración de fuego, y poco a poco, a base de practicarla, conseguirás hacerla perfectamente.

Con esta respiración estás incidiendo directamente en el sistema nervioso. Las respiraciones rápidas hacen que descienda el CO_2 del cuerpo, y así, como ya sabes, se contraen los vasos sanguíneos, las arterias y las venas, con el consiguiente ascenso de la presión sanguínea y del ritmo cardiaco. En definitiva, te brinda el control del sistema nervioso simpático, y el cuerpo se calienta, una sensación que puedes percibir porque el organismo empieza a llevar la sangre hacia los músculos. Tu cuerpo se está preparando para la actividad. Además, al hacer este movimiento diafragmático de forma enérgica, consigues masajear los órganos internos y fortalecer los músculos abdominales. Es más, una vez controlada y teniendo claro en qué momento del día utilizarla, también puede servir para liberar tensiones. Con esta técnica de respiración bien ejecutada, lograrás picos de energía, evitando el cansancio y sacudiéndote el sueño de encima cuando lo necesites. Sí, como el café.

Si la respiración de fuego te ha resultado interesante y has conseguido notar sus efectos estimulantes, la respiración de fuelle te gustará aún más, pues se trata de una técnica más intensa. No solo te enfocarás en las exhalaciones, sino que además forzarás las inhalaciones, con lo que el cuerpo se convierte en un verdadero fuelle. Esta respiración es igual que la respiración de fuego, pero en este caso la inhalación también resulta activa. Su nombre en la práctica tradicional es *Bhastrika* (fuelle).

Si dominas la respiración de fuego, esta te resultará más fácil de controlar, ya que solo se trata de ir un paso más allá. En la respiración de fuelle, como su nombre indica, la intención debe centrarse en el abdomen para simular el movimiento que hace este instrumento, como si quisieras avivar las llamas de una hoguera mediante un flujo constante de aire. Seguro que recuerdas cómo funciona un fuelle, esa especie de acordeón que cierras para que el aire salga a presión y abres para que el aire entre de nuevo, y que suele utilizarse para avivar el fuego de las chimeneas o en las típicas herrerías de épocas pasadas. Algunos textos antiguos recogen la siguiente frase que se antoja bastante ilustrativa: «Así como el herrero sopla rápidamente con su fuelle, el practicante debe mover su aliento».

La clave de esta respiración es que hay acción tanto en la exhalación como en la inhalación, a diferencia de en la de fuego, donde solo actuábamos en el momento de exhalar empujando el abdomen para, a continuación, relajarlo a fin de que el aire entrase solo. En la respiración de fuelle, el abdomen permanece activo todo el tiempo. Lo empujamos hacia dentro con fuerza y, acto seguido, volvemos a empujarlo enérgicamente hacia fuera para forzar la entrada de aire. Volviendo a la anatomía de la respiración, recuerda que el diafragma se contrae hacia abajo para succionar aire y se relaja hacia arriba para expelerlo.

Al ser una respiración tipo café, no está indicada si sufres de tensión alta o pasas por algún momento de estrés, pero te sugiero que la conozcas y que sepas que la puedes utilizar más adelante si lo crees conveniente. Igual que en la respiración de fuego, lo que tenemos que hacer es empujar el abdomen hacia dentro para expulsar y, después, proyectamos el abdomen con fuerza hacia fuera para absorber aire, como si fuera un fuelle: aprietas, sale aire; abres, entra aire. Esa sería la primera parte, una exhalación forzada para expulsar el aire. En la segunda parte, para inhalar, en vez de relajar el abdomen, lo que hacemos es llevarlo rápidamente hacia delante para que se hinchen los pulmones.

El ritmo ha de ser de una 1 respiración completa por segundo. Repito una vez más: la diferencia entre la respiración de fuego y la de fuelle es que en la de fuego forzamos la exhalación y luego relajamos el abdomen para que los pulmones se llenen por sí solos, mientras que en la respiración de fuelle exhalamos e inhalamos con fuerza. Como puedes ver, se trata de una respiración más activa y sus efectos son más perceptibles que en el caso de la respiración de fuego. El número de respiraciones serían las mismas: 3 rondas de 20 respiraciones, aunque te recomiendo que comiences por hacer 3 rondas de solo 10 respiraciones y dejes unos segundos entre ronda y ronda para descansar.

En resumen, si necesitas una técnica de respiración que de verdad te active, que logre sacarte la pereza antes de ejercitarte o precisas de algo igual o más potente que un café para despertarte y arrancar el día, no dudes en realizar esta práctica.

Respiración buteyka. Respira menos, pero mejor

Posiblemente esta técnica de respiración que no entra en las categorías citadas y que puedes realizar de forma independiente, sea la que más he utilizado en los últimos tiempos, tanto por su gran potencial para mejorar numerosas facetas relacionadas con una buena forma de respirar, como por su facilidad para controlarla, que permite cuantificar con mayor precisión en qué medida aumenta nuestra tolerancia al dióxido de carbono, con todos los beneficios que ello conlleva.

Si hubieran de resumirse en una sola frase las técnicas que desarrolló el doctor Konstantin Buteyko, esta sería «respira menos, pero respira mejor».

El método nació en Rusia, en la década de los años cincuenta, de la mano del célebre fisiólogo ucraniano, que estaba obsesionado por buscar formas de mejorar la respiración. Buteyko se percató de que las personas aquejadas de alguna enfermedad (normalmente respiratoria) y las personas sanas respiraban de una forma totalmente distinta. Las no saludables tenían un patrón de respiración demasiado rápido, es decir, hiperventilaban y tendían a respirar solo por la boca. Al compararlas con personas sanas, estimó que por lo general estas respiraban mucho más despacio y por la nariz. Sus observaciones empezaron a cobrar más sentido cuando comparó estos dos grupos de personas en los momentos de sueño. Buteyko entendió que, si había una relación tan directa entre el estado de salud y el patrón respiratorio, podría invertir los términos y crear ejercicios de respiración para enseñar a las personas enfermas a controlar el ritmo y el flujo respiratorio, con vistas a mejorar sus afecciones. Finalmente, y tras años de pruebas y ensayos clínicos, descubrió que, efectivamente, estaba en lo cierto. Los distintos métodos que desarrolló siempre iban encaminados a evitar la hiperventilación crónica diaria, responsable de que los niveles de dióxido de carbono descendieran en la sangre y provocaran todo tipo de enfermedades. Según concluyó en sus investigaciones, esta forma de respirar limita en exceso la homeostasis (el equilibrio existente entre todos los sistemas del organismo).

Aún hoy en día se siguen debatiendo algunos de los principios en los que se basa el método Buteyko, pero se ha demostrado su eficacia en personas que padecen asma. Muchos expertos creen que la mejoría de estas personas tiene que ver más con que han aprendido a controlar los momentos de ansiedad o estrés gracias a las técnicas de respiración relajantes, que con el aumento de los niveles de CO_2 en sangre con vistas a restaurar el equilibrio. Dicho sea de paso, es un método que utilizan deportistas de élite, personas con asma y con EPOC (enfermedad pulmonar obstructiva crónica), las cuales han experimentado una mejoría en casi la totalidad de los casos, tanto de su rendimiento físico y deportivo como de la enfermedad que padecían. Otros muchos consideran que estas mejorías obedecen a la estricta pauta impuesta por el doctor Buteyko de respirar siempre por la nariz, mejorando así la calidad del aire que llega a los pulmones, y es que si hay algo que predispone por encima de otros factores a sufrir un ataque de asma es el aire seco y frío entrando directamente por la garganta. Sea como sea, aunque los expertos no terminen de ponerse de acuerdo en el porqué de sus bondades, las pautas de este método mejoran nuestros patrones respiratorios y nuestra salud en general, así que es una buena idea ponerlas en práctica.

Existen cientos de historias de pacientes tratados por expertos con el método de respiración buteyka que dan fe de cómo han mejorado espectacularmente, desde personas que llevaban años con rinitis o con problemas de sueño, hasta deportistas y equipos enteros de atletismo que tras varias semanas aplicando sus técnicas experimentaron mejorías en su frecuencia cardiaca y su presión arterial estando en reposo, e incluso un descenso sustancial de sus niveles de ansiedad antes de competir.

¿En qué consiste esta técnica de respiración? Básicamente en respirar menos veces por minuto, pero primero debemos hacer un pequeño test para evaluar nuestra tolerancia al dióxido de carbono.

En un estado normal de relajación y sin estrés, sentados, respiramos de forma natural, inhalamos, expulsamos todo el aire, nos vaciamos, y a partir de ahí contamos cuánto tiempo resistimos sin volver a coger aire (utiliza un cronómetro), sin forzar. En cuanto notes los primeros impulsos respiratorios más intensos, ya puedes concluirlo. Ya hemos aludido anteriormente a este test, pero en esta ocasión te ampliaré un poco la información. Si no consigues aguantar ni 10 segundos, estás más bien mal, pero no te alarmes, seguramente solo es consecuencia de respirar demasiado rápido en tu día a día llegando a un estado en el que tu organismo tolera muy poco dióxido de carbono. Al fin y al cabo, somos a lo que nos acostumbramos, y respirando así hacemos que nuestro cuerpo no pueda resistir ni unos segundos con ese nivel de CO_2 en sangre. Con un par de semanas de ejercicios de respiración y estando pendiente de cómo respiras, lo puedes arreglar. Si resistes entre 15 y 20 segundos, digamos que estás regular, hay margen de mejora. Entre 21 y 40 segundos ya estaría bien, y a partir de los 40 segundos, muy bien. Si te encuentras dentro de estos tiempos, quiere decir que sueles tener un buen patrón respiratorio en tu día a día, tu respiración es bastante sana. Eso sí, te adelanto que la mayoría de las personas a las que les he pasado el test no estaban en la zona buena. Al menos resulta esperanzador saber que esta capacidad puede adiestrarse; de hecho, cada aumento de 5 segundos que vayas consiguiendo es un buen indicio de mejoría.

Una vez hecho este test, veamos en qué consiste una de las varias técnicas que creó Buteyko para mejorar estos tiempos. No te preocupes, es muy fácil. Básicamente has de hacer lo mismo que en el test: inhalar hasta que llenes los pulmones, exhalar todo el aire, siempre por la nariz, y aguantar en vacío; contén la respiración un poco, hasta que te venga el primer o segundo impulso de respirar, sin forzar demasiado, y entonces vuelve a respirar profundamente dos o tres veces. Repite el ciclo, inhala, exhala y retén en vacío hasta donde puedas, sin pasarte; respira de nuevo profundamente dos o tres veces, y vuelta a empezar. Lo ideal es dedicarle unos 20 minutos diarios para que sea totalmente efectivo.

Si practicas todos los días, a las dos o tres semanas ya deberías empezar a notar una mejoría. Sentirás la respiración más ligera, y ello se debe a que estás adiestrando tus células y tejidos para que trabajen de forma más eficiente al no disponer de tanto oxígeno y a que tu cuerpo se acostumbre a un mayor volumen de CO_2. Es algo parecido a lo que les ocurre a algunos escaladores de grandes alturas conforme van ascendiendo hacia la cima, donde hay menos cantidad de oxígeno en el aire, y se ven obligados a realizar paradas para ir adaptando su cuerpo a este déficit. Lo que ocurre es que con el tiempo sus células se habitúan y se vuelven mucho más eficientes, lo cual les permite coronar picos tan altos como el Everest, a más de ocho mil ochocientos metros.

Buteyko no solo desarrolló esta técnica, sino que además contaba con un repertorio de más de siete prácticas con sus respectivas variaciones, pero esta es la que más he trabajado y con la que he podido observar una mejora de mi propio rendimiento físico. Precisamente por eso la he querido plasmar en este libro.

Las técnicas y categorías referidas a las prácticas de respiración aquí señaladas han sido adquiridas dentro de mi formación como instructor certificado en técnicas de respiración por YogaBody®.

EPÍLOGO

Tu bienestar está tan solo a una respiración profunda.

ALICIA CARRASCO

Si respiras bien, todo lo demás funciona

Si hay algo claro sobre la respiración, sobre sus beneficios y los incontables procesos corporales en los que participa, es que es una de las mejores (si no la más importante) herramienta que tenemos a nuestra disposición para conseguir mantenernos en equilibrio tanto física como mentalmente. Equilibrio, un concepto que muchas veces va unido a connotaciones ancestrales o místicas, como en el universalmente conocido símbolo del ying y el yang. Este hace alusión al equilibrio de fuerzas, a la armonía, y siempre termina asociándose a la estabilidad y a la paz interior desde una visión espiritual. Pero más allá de estas ideas provenientes de la cultura asiática, nuestro organismo y todo lo que representa siempre intenta adaptarse para volver a recuperar esa proporción de iguales. Hay ejemplos muy claros que todos hemos experimentado alguna vez, como cuando sumerges el cuerpo en agua helada y el corazón empieza a bombear rápidamente para subir la temperatura, o cuando nos hallamos en un ambiente muy cálido y esos mecanismos y receptores encargados de detectar cambios en el entorno tratan de liberar calor a través de la sudoración. Estos mecanismos no solo buscan regular el cuerpo dependiendo de agentes externos, sino que también intervienen en procesos internos, siempre en busca de equilibrio, mejorando así los procesos mentales, la concentración o el estado anímico. Cada uno de los átomos, células y tejidos que nos conforman buscan, sin saberlo, integrar su propio símbolo del ying y el yang.

A lo largo de estas páginas has podido leer historias increíbles de adaptación y superación, todas bajo el paraguas de los misteriosos procesos de la respiración, misterios que ya no lo son tanto para ti. Pero pese a lo que pueda parecer, aunque me fascine todo lo que cada inhalación y cada exhalación puede hacer por nosotros, y pese a todo lo que te haya podido contar, también hay que reconocer, huyendo de toda hipérbole mística, que la respiración tiene sus propias barreras. La ciencia ha demostrado que, gracias a la respiración consciente, podemos incidir en nuestro propio ritmo cardiaco para ralentizarlo o acelerarlo. Que si detenemos la respiración, podemos lograr que suban los niveles de dióxido de carbono en sangre y sentir cómo desciende la presión sanguínea. Que dormir con la boca abierta tiene enormes repercusiones sobre nuestro sistema nervioso, o que solo con respirar un poco más lento de como solemos hacerlo evitaremos entrar en un círculo vicioso de estrés y ansiedad. Que gracias a una adecuada utilización del diafragma, masajeamos el nervio vago y enviamos señales de relajación a través de las fibras nerviosas hasta el cerebro. Que la respiración nasal debería ser siempre la forma óptima de respirar, al menos en el 99 por ciento de los casos. O que nuestras fosas nasales «descansan» alternativamente nos indican, además, qué rama del sistema nervioso está más activa. Que cuanto más lenta y profundamente respiremos, más relajados nos sentiremos, pero que si, por el contrario, deseamos «despertar» nuestra energía, entonces tendremos que forzar la respiración para provocar una hiperventilación voluntaria. Nuestro sistema respiratorio es increíble, pero debe ajustarse a una realidad acorde con las limitaciones de nuestro propio cuerpo.

Respiraciones profundas y lentas, como las de tipo whisky, resultan de gran ayuda para combatir el insomnio. Cuando tengo que recurrir a alguna de estas modalidades porque no logro conciliar el sueño, tras realizar cinco o seis rondas me resulta mucho más fácil quedarme dormido. Esto es algo genial, pero no infalible. El insomnio, uno de esos males contemporáneos que padecen millones de personas en todo el mundo, no deja de crecer en los últimos tiempos, pero en la mayoría de los casos tiene que ver más con lo que hacemos durante el día que con los métodos o técnicas de relajación que tenemos a nuestro alcance, y es ahí donde empiezan a dibujarse los límites de los ejercicios de respiración.

Puedes practicar una respiración equilibrante justo después de comer, y así contribuir a que el organismo disfrute de una buena digestión, pero esa técnica no podrá hacer frente a una mala alimentación que irrite e inflame el sistema digestivo. El café es una salvación para muchos, un chute de energía adicional que nos aporta un impulso extra, al igual que las técnicas de respiración incluidas en dicha categoría. Sin embargo, estas no podrán contener por mucho tiempo todos esos bostezos que son consecuencia de un descanso nocturno insuficiente.

Espero que en este viaje hacia tu respiración hayas conseguido descubrir el superpoder que tienes a tu alcance y que siempre te acompañará; pero como todo superhéroe, también tiene su kriptonita, es decir, una serie de barreras que no puede cruzar. Los beneficios de respirar mejor son enormes, de eso no cabe la menor duda, el doctor Buteyko ya lo tenía muy claro cuando diseñó todas aquellas técnicas respiratorias con la firme intención de mejorar la vida de sus pacientes. Pero, a pesar de sus enormes esfuerzos y de contar con un gran número de pacientes agradecidos por haber recuperado la salud gracias a sus métodos, una parte de la comunidad científica siempre se ha mostrado recelosa a la hora de evaluar las grandes bondades que Buteyko les atribuía. Puede que con los años logremos demostrar de forma incontestable que tenía razón; por el momento es mejor proceder con cautela. Aun así, cuando comprendemos su funcionamiento, se convierten en una herramienta muy útil que debe formar parte de nuestros hábitos más saludables. Incluso me atrevería a decir que se trata de una herramienta que no admite comparación. A lo largo de la historia, sabios, eruditos, místicos, yoguis e investigadores se han esforzado en revelarnos sus secretos, dejándonos incontables textos con el único fin de mostrarnos su enorme utilidad. La síntesis de su mensaje es que algo tan simple, tan humano, tan ligado a nuestra propia existencia, puede y debe convertirse en el centro de nuestro bienestar. Es un acto simple, sí, pero fundamental a la vez. Si consigues poner todo tu empeño en reeducar la respiración, en detectar qué cosas no estás haciendo del todo bien, sin duda mejorarás tu calidad de vida.

Respirar mal induce al desequilibrio, el desequilibrio pone el organismo en alerta, y la alerta trae malestar a nuestro cuerpo y a nuestra mente. Nunca te olvidarás de respirar para sobrevivir, pero no basta con eso: se trata de respirar mejor, y ahora, por fin, ya sabes cómo hacerlo. Respirar es un arte, seamos artistas de la respiración, nuestro bienestar depende de ello, así que, querido ser humano, no te olvides de respirar bien, aquí y ahora.

AGRADECIMIENTOS

Nunca pensé que tendría la oportunidad de poder aportar mi granito de arena al maravilloso mundo de la respiración escribiendo este libro. Por ello, he querido reservar unas palabras para agradecer a quienes lo han hecho posible. Escribo estas líneas de agradecimiento a todos los que me han animado, guiado y acompañado en el proceso de escribir esta obra. Estoy agradecido a mi familia por haberme entregado una forma de pensar que me alienta a no tener barreras, por haberme educado para creer que estaba preparado para hacer cualquier cosa que me propusiese. Estoy agradecido a los amigos y compañeros que me han apoyado durante los meses que he estado escribiendo este libro y que me han ayudado a asegurarme de que no desistiera en el proceso. Gracias a todos los que cafés, desayunos y comidas mediante han tenido el aguante de escucharme y comprenderme en los momentos de mayor esfuerzo.

A mi editora, quien me dio la oportunidad de escribir este libro y me guio a lo largo del proceso, sobre todo gracias por su paciencia. También quiero hacer una mención especial y no olvidar a todos los que siguen mi trabajo desde que comenzó el proyecto de «Medita por el mundo», sin ellos este libro jamás habría sido posible. Gracias a todos los autores y escritores que llevan años divulgando la ciencia de la respiración, por los que guardo gran admiración; su trabajo y esfuerzo han hecho mella en mí, me han inspirado y me han motivado y sin saberlo tienen gran parte de culpa en la elaboración de estas páginas. Y, por supuesto, un enorme agradecimiento a todos los que leerán este libro una vez que esté publicado. Espero que disfruten leyéndolo tanto como yo disfruté escribiéndolo.

NOTA FINAL

Si quieres ir rápido, ve solo. Si quieres
llegar lejos, ve acompañado.

Proverbio africano

Si al terminar este libro quieres profundizar aún más
en la ciencia de la respiración y tener un guía que te
ayude a aprender todas las técnicas paso a paso de
forma visual, puedes acceder a mi curso online de respiración en www.meditaporelmundo.com

«Medita por el mundo» es ese rinconcito donde
estoy poniendo todo el corazón y esfuerzo en conseguir que la meditación y los ejercicios de respiración
lleguen a cualquier parte del planeta. «Medita por el
mundo» nació con la firme idea de acercar de forma

más fácil la práctica de la meditación, libre de cualquier misticismo y enfocada a mejorar la vida de las personas de una manera útil, real, y eliminando cualquier tipo de barrera. Es un proyecto que se sustenta a través tanto de su canal de YouTube como de sus perfiles en redes sociales. Además, tienes a tu disposición diferentes herramientas de formación, siempre con el fin de llegar a todos los rincones posibles disfrutando del camino de aprendizaje. Desde que lo puse en marcha, el recorrido ha estado lleno de experiencias y enseñanzas maravillosas, la gran comunidad de meditadores que se ha creado me lo demuestra día a día. Sería un enorme placer que formaras parte de ella.